MÂNCAȚE SCANDINAVE DEZVOLITE

Creați 100 de arome scandinave autentice de la zero

Andrei Diaconescu

Material cu drepturi de autor ©2023

Toate drepturile rezervate

Nicio parte a acestei cărți nu poate fi utilizată sau transmisă sub nicio formă sau prin orice mijloc fără acordul scris corespunzător al editorului și al proprietarului drepturilor de autor, cu excepția citatelor scurte utilizate într-o recenzie. Această carte nu trebuie considerată un substitut pentru sfaturi medicale, juridice sau alte sfaturi profesionale.

CUPRINS

- CUPRINS 3
- INTRODUCERE 6
- MIC DEJUN 7
  - 1. Krumkake norvegian 8
  - 2. Vafe suedeze cu șofran 11
  - 3. Clatite suedeze 13
  - 4. Pâine norvegiană de Crăciun 15
  - 5. Clătite norvegiene 17
  - 6. Briose daneze cu stafide cu rom 19
  - 7. Salată daneză de ouă 21
  - 8. Chifle suedeze de șofran (Saffransbröd) 23
  - 9. Făină de haș suedeză 26
  - 10. Clatite suedeze la cuptor 28
  - 11. Pâine daneză de secară 30
  - 12. Lefsa (pâine norvegiană cu cartofi) 32
  - 13. Cereale daneze de secară 34
  - 14. turtă suedeză 36
  - 15. Pâine de bere suedeză 38
  - 16. Raggmunk (clatite cu cartofi suedez) 41
  - 17. Waffle danez cu feta și spanac 43
  - 18. Crêpe cu ou, șuncă și brânză 45
  - 19. Chifle norvegiene Boller 47
- GUSTĂRI 49
  - 20. Kringler danez 50
  - 21. Aebleskiver danez 52
  - 22. Suedeza Aniswe Twists 54
  - 23. Dandies danezi (Danske Smakager) 56
  - 24. Aperitive suedeze de chiftele 58
  - 25. Nuci cu zahăr norvegiene 60
  - 26. Melci danezi 62
  - 27. Batoane de migdale norvegiene 64
  - 28. Chiftele norvegiene de pui 66
  - 29. Chiftele norvegiene în jeleu de struguri 68
- COOKIES 70
  - 30. Amestec de prăjituri pentru pălăria lui Napoleon 71
  - 31. Fattigmann (prăjituri norvegiene de Crăciun) 73
  - 32. Semilune de Crăciun suedeză 75
  - 33. Pepparkakor (fursecuri cu ghimbir suedez) 77
  - 34. Suedezi Thumb Cookies 79
  - 35. Biscuiți suedezi cu fulgi de ovăz 81
  - 36. Biscuiți cu unt suedezi 83
  - 37. Suedezi Spritz Cookies 85
  - 38. Biscuiți cu ghimbir suedez 87
  - 39. Suedeză Orange Gingersnaps 89

40. Prajituri norvegiene cu melasa 91
41. Semilune de migdale suedeze 93
CÂRNAȚI 95
42. Liverwurst danez 96
43. Cârnați danez de porc 98
44. Cârnați de cartofi suedez 100
45. Daneză Oxford Horns 102
46. Cârnați norvegieni 104
FER PRINCIPAL 106
47. Suedeza Janssons Frestelse Lasagna 107
48. Friptură de vițel suedeză mărată 109
49. Hamburgeri cu ceapa, stil suedez 112
50. Somon poșat norvegian cu unt de hamsii 114
51. Pâine de carne suedeză 116
52. Roast Beef Suedez Mărat 118
53. Gravlax (somon curat cu zahăr și sare suedez) 120
54. Salată suedeză de pui 123
55. Somon curat de ienupăr norvegian 125
56. Friptură în stil suedez 127
57. Supă norvegiană de mazăre 129
58. Somon cu ceapa la gratar 131
LUTURI SI SALATE 133
59. Salată de carne norvegiană 134
60. Ceapa crocanta daneza 136
61. Roșii fripte cu brânză feta daneză 138
62. Homar norvegian cu salată de cartofi și smântână 140
63. Fasole suedeză 143
64. Mere la cuptor norvegian 145
65. Sarmalele daneze 147
66. Cole-Slaw suedez cu Fenicul 149
67. Rutabagas suedez 151
68. Salata daneză de castraveți 153
69. Cartofi cu pătrunjel norvegian 155
SUPE DE FRUCTE 157
70. Supa daneză de mere 158
71. Supă norvegiană de afine 160
72. Supă daneză de mere cu fructe și vin 162
73. Supă dulce daneză 164
74. Supă norvegiană de fructe (Sotsuppe) 166
DESERT 168
75. Fructe suedeze în lichior 169
76. Desert suedez de ciocolată konungens tarte 171
77. Plăcintă cu brânză albastră daneză 174
78. Budinca norvegiană de migdale 177
79. Pandișpan suedez 179
80. Rulouri vegane cu scorțișoară suedeză (Kanelbullar) 181

81. TORT SUEDEZ CU CAFEA PUF 184
82. CREMA CU BRÂNZĂ SUEDEZĂ 186
83. CREMĂ SUEDEZĂ CU FRUCTE DE PĂDURE 188
84. CONURI DANEZE 190
85. BUDINCĂ DE CRĂCIUN NORVEGIANĂ 192
86. PAVLOVA SUEDEZĂ LINGONBERRY 194
87. TORT SUEDEZ DE CIOCOLATA 196
88. TORT NORVEGIAN DE CAFEA „KRINGLAS" 198
89. TORT DANEZ CU MERE ȘI PRUNE 200
90. DESERT CU RUBARBĂ NORVEGIANĂ 202
91. SUEDEZA TOSCA 204
92. NORVEGIANA RISKREM 207
93. FONDUE DANEZĂ 209
94. PLĂCINTĂ CU BRÂNZĂ SUEDEZĂ 211
95. TARTE NORVEGIENE CU SOMON 213

BĂUTURI **216**
96. CIOCANUL LUI DUMNEZEU 217
97. DOCTOR 219
98. MIX DE CAFEA SUEDEZ 221
99. LANCEA SUEDEZĂ 223
100. CAFEAUA DANEZĂ 225

CONCLUZIA **227**

INTRODUCERE

În tărâmul încântător al „MÂNCAȚE SCANDINAVE DEZVOLITE", vă oferim o invitație caldă de a vă cufunda în aromele captivante ale Nordului, unde arta gătitului zgârieturi transformă fiecare fel de mâncare într-o capodopera culinară. Această carte de bucate servește ca o poartă de acces pentru a explora bogata tapiserie a bucătăriei scandinave, dezvăluind secretele și tradițiile care au ridicat aceste delicii nordice într-un tărâm al fascinației culinare. Imaginează-ți fiordurile senine, pădurile înverzite și bucătăriile intime din Scandinavia, unde fiecare masă este o simfonie de simplitate, prospețime și o legătură profundă cu comorile naturale abundente ale regiunii. „MÂNCAȚE SCANDINAVE DEZVOLITE" nu este doar o compilație de rețete; este un ghid cuprinzător, care vă invită să creați 100 de arome scandinave autentice în confortul propriei bucătării – o călătorie care aduce esența nordului direct la masa dumneavoastră.

Pe măsură ce porniți în această odisee culinară, pregătiți-vă pentru a debloca întregul potențial al bucătăriei dvs. Încântați-vă de descoperirea lucrului cu ingrediente din surse locale , a perfecționării tehnicilor tradiționale și a infuzării creațiilor dvs. cu căldura și autenticitatea care definesc inima gătitului de casă scandinav. Fie că sunteți atras de simfonia savuroasă a smørrebrød sau de alura dulce a deliciilor nordice, fiecare rețetă din aceste pagini este un portal către sufletul nordului - un loc în care fiecare mușcătură povestește o poveste a bogăției culturale și a moștenirii culinare.

Alăturați-vă nouă în dezvăluirea secretelor ascunse în inima mâncărurilor scandinave. Fiecare creație realizată cu zgârieturi este un tribut sincer adus atracției de durată a gastronomiei nordice, unde autenticitatea domnește suprem. Fie ca bucătăria ta să rezoneze cu aroma reconfortantă a mărarului, esența inconfundabilă a secară și satisfacția pură derivată din crearea acestor arome autentice cu propriile mâini.

Deci, lasă aventura culinară să se desfășoare. Fie ca „MÂNCAȚE SCANDINAVE DEZVOLITE" să vă fie ghidul, conducându-vă prin minunile gustative ale nordului, iar bucătăria dumneavoastră să fie pentru totdeauna impregnată de spiritul ospitalității nordice și alura atemporală a deliciilor scandinave realizate cu zgârieturi. Skål!

MIC DEJUN

1.Krumkake norvegian

INGREDIENTE:
- 1 cană de făină universală
- ½ cană zahăr granulat
- 2 ouă mari
- ½ cană unt nesărat, topit
- ½ cană smântână groasă
- ½ linguriță cardamom măcinat (opțional)
- ½ linguriță extract de vanilie
- Zahăr pudră pentru pudrat (opțional)

ECHIPAMENT SPECIAL:
- Fier de călcat Krumkake (un aparat special pentru conuri de vafe)
- Rolă de conuri Krumkake (pentru modelarea vafei în conuri)

NSTRUCȚIUNI:
a) Într-un castron, amestecați făina și zahărul.
b) Într-un castron separat, bate ouăle. Adăugați untul topit, smântâna groasă, cardamomul (dacă este folosit) și extractul de vanilie. Bateți până se combină bine.
c) Turnați ingredientele umede în ingredientele uscate și amestecați până obțineți un aluat omogen. Aluatul trebuie să fie similar ca consistență cu aluatul de clătite.
d) Preîncălziți fierul de călcat krumkake conform instrucțiunilor producătorului.
e) Ungeți ușor fierul krumkake fierbinte cu spray de gătit sau unt topit.
f) Puneti aproximativ 1 lingura de aluat pe centrul fierului de calcat si inchideti-l ermetic.
g) Gatiti krumkake-ul timp de aproximativ 20-30 de secunde sau pana devine maro auriu. Urmăriți-l îndeaproape pentru a preveni arderea.
h) Scoateți cu grijă krumkake-ul de pe fier de călcat folosind o furculiță sau o spatulă și rulați-l imediat într-o formă de con folosind o rolă de con de krumkake. Fii atent, deoarece krumkake-ul va fi fierbinte.
i) Puneți krumkake-ul rulat pe un grătar pentru a se răci și a se întări. Va deveni crocant pe măsură ce se răcește.
j) Repetați procesul cu aluatul rămas, ungând fierul de călcat de fiecare dată.
k) Odată ce conurile de krumkake s-au răcit și au devenit crocante, le puteți pudra cu zahăr pudră, dacă doriți.
l) Serviți conurile krumkake așa cum sunt sau umpleți-le cu frișcă, conserve de fructe sau alte umpluturi dulci la alegere.
m) Păstrați orice krumkake rămas într-un recipient ermetic pentru a-și menține crocanta.

2.Vafe suedeze cu șofran

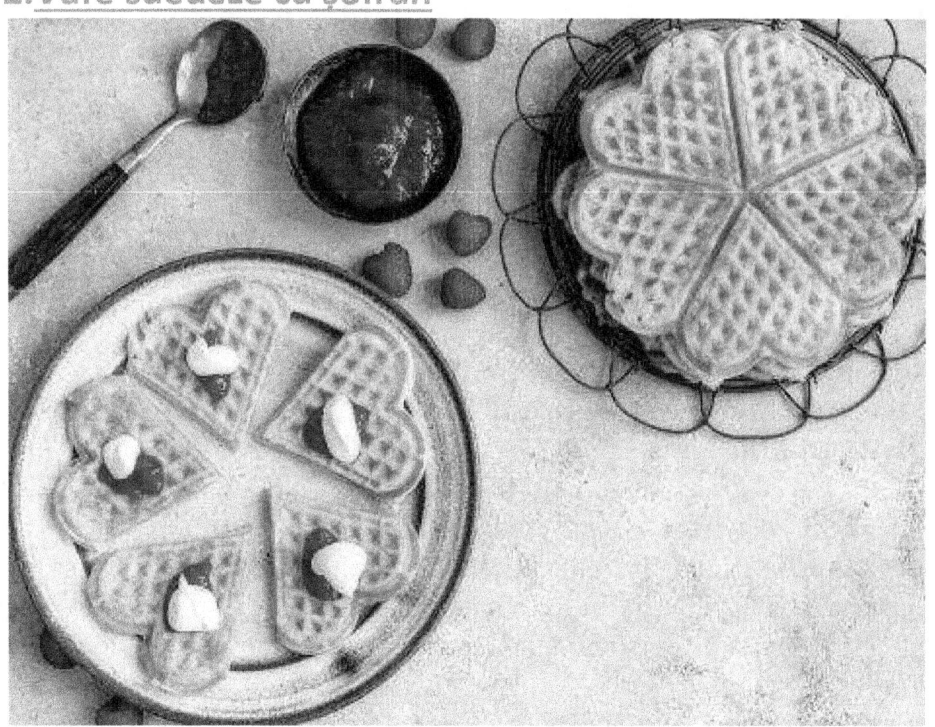

INGREDIENTE:
- 2 căni de făină universală
- ½ cană zahăr granulat
- 1 lingura praf de copt
- ¼ lingurita sare
- ½ linguriță cardamom măcinat
- ½ linguriță fire de șofran
- 2 ½ căni de lapte
- ½ cană unt nesărat, topit și răcit
- 2 ouă mari
- Frisca si dulceata de lingonberry, pentru servire (optional)

INSTRUCȚIUNI:
a) Într-un castron mic, zdrobiți firele de șofran folosind un mojar și pistil până își eliberează aroma și culoarea.
b) Într-un castron mare, amestecați făina, zahărul, praful de copt, sarea, cardamomul măcinat și șofranul măcinat.
c) Într-un castron separat, amestecați laptele, untul topit și ouăle până se omogenizează bine.
d) Turnați ingredientele umede în ingredientele uscate și amestecați până obțineți un aluat omogen. Aluatul trebuie să aibă o consistență turnabilă.
e) Acoperiți aluatul și lăsați-l să se odihnească la temperatura camerei timp de aproximativ 30 de minute pentru a permite aromelor să se topească.
f) Preîncălziți fierul de vafe conform instrucțiunilor producătorului.
g) Ungeți ușor fierul de vafe fierbinte cu spray de gătit sau unt topit.
h) Turnați o parte din aluat în centrul fierului de călcat, folosind cantitatea recomandată în funcție de dimensiunea fierului de călcat pentru vafe.
i) Închideți fierul de vafe și gătiți până când vafele cu șofran sunt aurii și crocante.
j) Scoateți cu grijă vafele cu șofran din fierul de călcat și puneți-le pe un grătar să se răcească ușor.
k) Repetați procesul cu aluatul rămas, ungând fierul de călcat de fiecare dată.
l) Serviți vafele cu șofran calde, fie ca atare, fie cu o lingură de frișcă și o lingură de dulceață de lingonberry deasupra.

3.Clatite suedeze

INGREDIENTE:
- 4 ouă foarte mari, separate
- 1 cană de făină universală
- 1/2 lingurita sare
- 2 linguri zahar alb
- 1 cană lapte
- 3 linguri smantana
- 4 albusuri
- 3 linguri ulei vegetal

INSTRUCȚIUNI:
a) Bateți gălbenușurile într-un castron de mărime medie până când devine gros. Cerne împreună zahărul, sarea și făina într-un castron separat. Adăugați treptat amestecul de zahăr și laptele în gălbenușurile batute. Amestecați smântâna.
b) Bateți albușurile într-un castron de mărime medie, asigurându-vă că nu sunt uscate, ci tari. Îndoiți albușurile în aluat.
c) Turnați o cantitate mică de ulei într-o tigaie sau grătar încălzită la o temperatură ridicată. Adăugați aproximativ 1 lingură de aluat în tigaie și întindeți aluatul uniform. Încinge clătitele până se rumenesc pe o parte.
d) Întoarceți clătitele când suprafața conține bule. Se încălzește cealaltă parte până se rumenește și se repetă acest proces cu aluatul rămas.

4.Pâine norvegiană de Crăciun

INGREDIENTE:

- 2 pachete drojdie uscată
- ½ cană apă caldă
- 1 lingurita zahar
- 1 cană lapte, opărit
- ½ cană de unt
- 1 ou, batut
- ½ cană de zahăr
- ½ lingurita Sare
- ¾ linguriță cardamom
- 5 căni de făină, aproximativ
- ½ cană Citron, tăiat
- ½ cană Cireșe confiate, tăiate
- ½ cană stafide albe

INSTRUCȚIUNI:

a) Se dizolva drojdia in apa calduta cu putin zahar.
b) Opăriți laptele și adăugați untul; rece până la călduță. Adăugați oul și apoi amestecul de drojdie.
c) Adăugați zahăr, sare și cardamom. Bateți în 2 căni de făină și amestecați bine.
d) Se amestecă fructele cu puțin din făina rămasă pentru a nu se lipi și se adaugă la amestec.
e) Se amestecă restul de făină. Frământați pe o cârpă cu făină până se omogenizează. Se aseaza intr-un bol uns. Se acopera si se lasa sa creasca pana se dubleaza.
f) Împărțiți aluatul în două părți și formați pâini rotunde. Așezați-le pe foi de prăjituri unse sau tavi pentru plăcintă. Se lasa sa creasca pana se dubleaza.
g) Coaceți la 350 de grade Fahrenheit timp de 30 până la 40 de minute.
h) Cât este cald, ungeți cu unt moale sau decorați cu glazură de zahăr pudră amestecată cu aromă de migdale, apoi adăugați migdale și mai multe cireșe confiate.

5. Clatite norvegiene

INGREDIENTE:
- 1 lingura de unt topit
- ⅔ cană lapte
- 2 gălbenușuri de ou
- 2 albușuri
- ¼ cană smântână groasă
- 1 lingurita Praf de copt
- ½ cană de făină

INSTRUCȚIUNI:
a) Amestecați făina, praful de copt, laptele și gălbenușurile de ou într-un aluat fin.
b) Se adauga smantana si untul topit.
c) Bateți albușurile spumă până se întăresc, apoi pliați-le în aluat.
d) Prăjiți aluatul într-o tigaie de 8-12".
e) Când este prăjită, întindeți pe clătită dulceața de orice fel, apoi o împăturiți în patru și o serviți ca desert.

6.Briose daneze cu stafide cu rom

INGREDIENTE:
- 1 cană Stafide
- 1 cană rom negru
- 2 cani de faina
- ½ cană de zahăr
- 1½ linguriță Praf de copt
- ½ lingurita de bicarbonat de sodiu
- ¼ lingurita Sare
- ¼ lingurita de nucsoara
- ¾ Lipiți unt
- 1 cană smântână
- 1 ou
- ¾ lingurita de vanilie

INSTRUCȚIUNI:
a) Înmuiați stafidele în rom peste noapte. Scurgeți și rezervați romul.
b) Într-un castron mare, amestecați ingredientele uscate făina, zahărul, praful de copt, bicarbonatul de sodiu, sarea și nucșoara.
c) Tăiați untul până seamănă cu o făină grosieră.
d) Se amestecă stafidele scurse.
e) Într-un castron separat, amestecați smântâna, oul, vanilia și 2 linguri de rom până se omogenizează.
f) Faceți o groapă în ingredientele uscate și turnați amestecul umed.
g) Umpleți formele de brioșe la ¾ cu aluatul.
h) Coaceți într-un cuptor preîncălzit la 375°F (190°C) până se rumenește, aproximativ 20 de minute.

7.Salată daneză de ouă

INGREDIENTE:
- ½ kilogram de mazăre congelată
- 1 conserve (2,25 oz) de creveți mici
- 6 ouă; fiert timp de 10 minute
- 3 uncii somon afumat
- 1½ uncie maioneză
- 4 uncii smântână
- Sare si piper dupa gust
- 1 praf de zahăr
- ¼ lămâie; suc de
- ½ buchet patrunjel; tocat
- 1 roșie
- Bucăți de pătrunjel

INSTRUCȚIUNI:

a) Gatiti mazarea conform instructiunilor de pe ambalaj; se scurg si se lasa sa se raceasca.
b) Scurgeți creveții.
c) Curățați și feliați ouăle fierte.
d) Tăiați somonul afumat în fâșii mici.
e) Se amestecă toate ingredientele.
f) Pregătiți marinada combinând maioneza, smântână, sare, piper, zahăr, pătrunjel tocat și sucul de lămâie după gust.
g) Combinați cu grijă toate ingredientele și puneți la frigider pentru 10-15 minute.
h) Curățați roșia și tăiați-o felii.
i) Se ornează salata cu bucăți de pătrunjel.

8. Chifle suedeze cu șofran (Saffransbröd)

INGREDIENTE:
- ½ linguriță fire de șofran uscate
- 1 cană jumătate și jumătate
- 2 plicuri drojdie uscata
- ¼ cană apă călduță
- 1 lingura zahar
- ⅓ cană zahăr
- 1 lingurita sare
- ⅓ cană unt nesărat
- 1 ou, batut
- 4 căni de făină cernută, sau la nevoie
- 1 galbenus de ou batut cu 1 lingura de lapte
- 1 albus de ou, batut
- Stafide sau coacaze, pentru decoratiuni
- Zahăr bulgăre, zdrobit
- Migdale albite ras

INSTRUCȚIUNI:

a) Zdrobiți șofranul uscat într-o pudră fină și înmuiați în 1 sau 2 linguri jumătate călduță timp de 10 minute.

b) Se presară drojdia în ¼ de cană de apă călduță, se adaugă 1 lingură de zahăr, se acoperă ușor și se lasă deoparte într-un loc cald timp de 5 până la 10 minute sau până când devine spumoasă.

c) Opăriți jumătate și jumătate rămasă și adăugați ⅓ cană de zahăr, sare și unt. Se amestecă până se topește untul. De la rece până la călduț.

d) Adăugați amestecul opărit la amestecul de drojdie împreună cu laptele de șofran strecurat și 1 ou bătut. Amesteca bine.

e) Amestecați treptat făina până când amestecul este omogen și nu lipicios, dar încă moale și flexibil. Se framanta timp de 10 minute sau pana devine stralucitoare si elastica.

f) Puneți aluatul într-un castron ușor înfăinat, pudrați partea de sus al aluatului cu făină, acoperiți-l ușor și lăsați-l să crească într-un colț fără curenti de aer până când volumul se dublează, aproximativ 1 oră și jumătate.

g) Tăiați aluatul și frământați timp de 2 sau 3 minute. Modelați-o în forme (pentru „pisici", așa cum este descris mai jos). Lăsați să crească timp de 30 de minute și coaceți într-un cuptor preîncălzit la 400°F timp de 10 minute. Reduceți căldura la 350 ° F și coaceți încă 30 de minute sau până când devine maro auriu.

Lussekatter - Lucia Cats:

h) Ciupiți bucăți mici de aluat și rulați-le în forme de cârnați de 5-7 inci lungime.
i) Așezați aceste benzi împreună în perechi, ciupind centrele pentru a le uni și înfășurând patru capete.
j) Ungeți cu glazură de gălbenuș de ou și coaceți.
k) Folosind puțin albuș de ou, lipiți o stafide sau coacăz în centrul fiecărei colaci de chifle fierbinți.

9.Făină suedeză de haș

INGREDIENTE:

- 1 și 1/2 lingură ulei de măsline
- 1/2 kg cartofi, curatati si taiati cubulete
- 1 ceapă medie, tăiată mărunt
- 5 uncii carne de porc afumată, tăiată cubulețe
- 5 uncii șuncă, tăiată cubulețe (aproximativ 1/2 cană, grămadă)
- 10 uncii de cârnați, tăiați cubulețe (aproximativ 300 de grame)
- sare si piper, pentru asezonare
- patrunjel, tocat gros pentru ornat

INSTRUCȚIUNI:

a) P laci o tigaie medie sau mare la foc mediu-mare, apoi adaugă ulei.
b) Odată ce uleiul este fierbinte, adăugați cartofii tăiați cubulețe.
c) Gatiti pana cartofii sunt la jumatate gata.
d) Adăugați ceapa, sare și piper.
e) Reglați focul la mediu și gătiți aproximativ 4 minute sau până când ceapa se înmoaie.
f) Adăugați carnea de porc afumată, șunca și cârnații.
g) Gatiti pana cartofii sunt gata, verificand si ajustand simultan condimentele in acest timp.
h) Luați tigaia de pe foc și transferați în farfurii.
i) Se serveste cu niste sfecla murata si ou prajit.

10.Clatite suedeze la cuptor

INGREDIENTE:
- 3 căni de lapte
- 4 ouă mari
- 2 cani de faina
- 4 linguri de unt, topit
- 1 lingurita Sare
- 2 linguri de zahăr

INSTRUCȚIUNI:
a) Bate bine ouăle.
b) Adăugați laptele, untul topit, sarea și făina.
c) Coaceți într-o tavă unsă 9 X 13 într-un cuptor de 425 ° F timp de 25-30 de minute.
d) Se taie patrate si se serveste imediat cu unt si sirop.

11. Pâine daneză de secară

INGREDIENTE:
Ziua 1
- 2 căni (500 ml) apă, la temperatura camerei
- 3 căni (300 g) de făină integrală de secară
- 1 oz. (25 g) starter de aluat de secară

Ziua 2
- 4 căni (1 litru) apă, la temperatura camerei
- 8 căni (800 g) de făină integrală de secară
- 2 căni (250 g) de făină integrală
- 2 linguri (35 g) sare
- 4½ oz. (125 g) semințe de floarea soarelui
- 4½ oz. (125 g) semințe de dovleac
- 2½ oz. (75 g) semințe de in întregi

INSTRUCȚIUNI:
a) Se amestecă bine ingredientele și se lasă la temperatura camerei peste noapte.
b) Combinați aluatul făcut în ziua precedentă cu noile ingrediente . Se amestecă bine timp de aproximativ 10 minute.
c) Împărțiți aluatul în trei tavi de 8 × 4 × 3 inchi (1½ litru). Tigăile trebuie umplute doar două treimi din drum. Lăsați-l să crească într-un loc cald timp de 3-4 ore.
d) Temperatura inițială a cuptorului: 475°F (250°C)
e) Puneți tigăile în cuptor și reduceți temperatura la 350°F (180°C). Stropiți o cană de apă pe podeaua cuptorului. Coaceți pâinile timp de 40-50 de minute.
f) Ziua 2: Amestecați ingredientele rămase cu starterul.
g) Se amestecă bine aluatul timp de aproximativ 10 minute.
h) Puneți aluatul într-o tavă de 8 × 4 × 3 inchi (1 1/2 litru). Umpleți tava nu mai mult de două treimi din drum până la vârf. Lasam la dospit pana cand aluatul ajunge la marginea tavii.

12. Lefsa (pâine norvegiană cu cartofi)

INGREDIENTE:
- 3 căni de piure de cartofi Instant Hungry Jack
- 1 lingurita Sare
- ¼ cană margarină
- 1 cană de lapte
- 1 cană de făină
- Unt și zahăr brun după gust

INSTRUCȚIUNI:
a) Topiți margarina și sarea într-o cană de apă clocotită. Turnați amestecul peste piure de cartofi instant și amestecați.
b) Adăugați 1 cană de lapte și 1 cană de făină; se amestecă, apoi se răcește la frigider.
c) Rulați amestecul în bile de mărimea unei mingi de golf, apoi întindeți-le subțire.
d) Gătiți pe o grătar încins (uns ușor cu ulei), rumenindu-se ușor pe ambele părți.
e) Rulați lefsa cu unt și zahăr brun înăuntru. Alternativ, puteți înlocui alte umpluturi după preferințe.

13. Cereale daneze de secară

INGREDIENTE:
- 1 cană fructe de pădure întregi de secară, neprocesate
- 2 lingurițe de scorțișoară măcinată
- 1 linguriță de semințe de chimen
- 1 lingura extract de vanilie
- 3 căni de apă
- ¼ cană Stafide
- brânză ricotta (opțional)
- zahăr (opțional)

INSTRUCȚIUNI:
a) Combinați toate ingredientele, cu excepția stafidelor, ricotta și zahărului într-o cratiță; amesteca bine.
b) Se încălzește până la fierbere.
c) Reduceți focul la fiert și gătiți, acoperit, timp de 1 oră. Se amestecă din când în când; adăugați mai multă apă dacă este necesar pentru a preveni arsurile.
d) În ultimele 15 minute de gătire, adăugați stafidele.
e) Acoperiți fiecare porție cu o praf de brânză ricotta și zahăr, dacă doriți.

14. Pâine plată suedeză

INGREDIENTE:
- 2 cani de faina alba
- ¾ cană făină de secară
- ¼ cană de zahăr
- ½ lingurita de bicarbonat de sodiu
- ½ lingurita Sare
- ½ cană de unt sau margarină
- 1 cană de zară
- 2 linguri de seminţe de fenicul

INSTRUCŢIUNI:
a) Într-un castron, amestecaţi făina albă, făina de secară, zahărul, sarea şi bicarbonatul de sodiu.
b) Tăiaţi în margarină până când amestecul seamănă cu firimituri fine.
c) Se amestecă zara şi se adaugă seminţele de fenicul, folosind o furculiţă, doar până când amestecul se ţine împreună.
d) Modelaţi aluatul în bile mici şi rulaţi-le pe o placă cu făină pentru a face rondele foarte subţiri, de aproximativ patru până la cinci inci în diametru.
e) Coaceţi pe foi neunsate la 375 ° F timp de aproximativ cinci minute sau până când devin maro deschis.

15.Pâine de bere suedeză

INGREDIENTE:

- 1 pachet drojdie uscată
- 1 lingurita zahar granulat
- ½ cană apă, caldă (100°F)
- 2 căni de bere, încălzită până la călduță
- ½ cană miere (adaptați după gust)
- 2 linguri de unt, topit
- 2 lingurite Sare
- 1 lingurita cardamom, macinat (optional)
- 1 lingură semințe de chimen, zdrobite, sau ¾ linguriță de anason, zdrobite
- 2 linguri coaja de portocala, proaspata sau confiata, tocata
- 2½ căni de făină, secară
- 3 căni de făină, nealbită

INSTRUCȚIUNI:

a) Se dizolvă drojdia și zahărul în apă călduță într-un castron mare și se fierbe timp de cinci minute.
b) Combinați berea, mierea, untul topit și sarea. Se amestecă bine și se adaugă la amestecul de drojdie.
c) Adăugați cardamom, semințe de chimen zdrobite sau anason și coajă de portocală tocată. Amesteca bine.
d) Se amestecă făinurile, apoi se adaugă trei căni din acest amestec în lichid. Bate puternic.
e) Acoperiți cu un prosop și lăsați să crească într-un loc cald și întunecat timp de aproximativ o oră.
f) Amestecați și adăugați suficientă făină rămasă pentru a face un aluat destul de tare, dar încă lipicios.
g) Întoarcem pe o masă bine făinată și lucrați aluatul până devine neted și elastic. Adăugați mai multă făină pe masă după cum este necesar.
h) Modelați aluatul într-o bilă, ungeți suprafața și puneți-l într-un bol uns cu ulei. Se acoperă cu un prosop și se lasă să crească a doua oară, aproximativ o oră.
i) Se dau pumnul, se formează două bile și se pune pe o tavă de copt unsă, presărată cu făină de porumb.
j) Se unge cu unt topit, se acoperă lejer cu hârtie cerată și se dă la frigider timp de trei ore.
k) Scoateți din frigider și lăsați să stea pe blat, descoperit, timp de zece până la cincisprezece minute.
l) Coaceți într-un cuptor la 375 ° F până când pâinea sună goală când este bătută pe fund, aproximativ 40 până la 45 de minute.
m) Se răcește înainte de a tăia.

16.Raggmunk (clatite cu cartofi suedez)

INGREDIENTE:

- 3 linguri Faina
- ½ lingurita Sare
- 1¼ decilitri lapte degresat
- 1 ou
- 90 de grame de cartofi, decojiti
- 1 lingurita Ulei sau margarina

INSTRUCȚIUNI:

a) Se amestecă făina și sarea cu jumătate din lapte.
b) Se adauga oul si restul de lapte.
c) Radeți cartofii și adăugați-i la amestec. Amesteca bine.
d) Se topește margarina într-o tigaie.
e) Se pune un strat subțire din amestec în tigaie și se prăjește până se rumenește deschis.
f) Întoarceți și prăjiți cealaltă parte până se rumenește.
g) Servește-ți Raggmunk cu gem de lingonberry neîndulcit și câteva legume. De asemenea, puteți înlocui unii dintre cartofi cu morcovi pentru variație. Bucurați-vă de clătitele tale suedeze de cartofi!

17.Vafe daneze cu feta și spanac

INGREDIENTE:

- 2 ouă, separate
- 1½ cani de lapte
- 125 g unt, topit
- 1½ cani de făină auto-crescătoare
- 1 lingurita sare
- 150 g feta moale, mărunțită grosier ¼ cană parmezan ras
- 150 g spanac congelat, decongelat, excesul de umiditate stors
- Bacon la gratar si rosii pentru a servi

Metodă

1. Selectați setarea BELGIANĂ și formați 6 pe butonul de control al rumenirii.
2. Preîncălziți până când lumina portocalie se aprinde intermitent și cuvintele ÎNCĂLZIRE dispar.
3. Bateți gălbenușurile, laptele și untul.
4. Puneți făina și sarea într-un castron mare, faceți o groapă în centru.
5. Bateți ușor amestecul de ouă și lapte pentru a forma un aluat fin. Se amestecă feta mărunțită și spanac.
6. Bateți albușurile spumă până se formează vârfuri tari, amestecați ușor în aluat.
7. Folosind o cană de dozare pentru vafe, turnați ½ cană de aluat în fiecare pătrat de vafe. Închideți capacul și gătiți până când cronometrul s-a terminat și se aude un semnal sonor de 3 ori. Repetați cu aluatul rămas.
8. Servim cu bacon la gratar si rosii.

18.Crêpe cu ouă, şuncă şi brânză

INGREDIENTE:
- Unt clarificat topit
- 2 căni de aluat de crêpes cu hrișcă
- 8 ouă
- 4 uncii șuncă daneză mărunțită
- Cric Monterey mărunțit de 4 uncii
- Brânză

INSTRUCȚIUNI:
a) Încingeți o tigaie sau o tigaie pentru crêpe de 9 sau 10 inchi la foc moderat de mare.
b) Ungeți generos cu unt topit.
c) Când untul sfârâie, adăugați ¼ de cană de aluat de crêpes cu hrișcă și amestecați pentru a acoperi tava.
d) În centrul aluatului spargeți ușor un ou, păstrând gălbenușul întreg.
e) Se fierbe doar până când albușul se întărește, gălbenușul trebuie să rămână curgător.
f) Acoperiți cu ½ uncie de șuncă și ½ uncie de brânză.
g) Îndoiți ușor părțile laterale ale Crêpei peste brânză. Scoateți Crêpe pe o farfurie caldă cu o spatulă.
h) Continuați cu restul de aluat de crêpe și ouă.

19. Chifle norvegiene Boller

INGREDIENTE:

- 1½ cană de lapte
- 1½ uncie drojdie proaspătă
- 3 uncii de unt
- 4 căni de făină de grâu
- ½ cană de zahăr
- 2 lingurite cardamom macinat
- Stafide după gust (opțional, 1-2 căni)
- 1 ou pentru glazură

INSTRUCȚIUNI:

a) Începeți prin a topi untul și lăsați-l să se răcească până la călduț.
b) Încălziți laptele la aproximativ 37 ° C (100 ° F), asigurându-vă că ajunge la o temperatură călduță.
c) Se amestecă drojdia proaspătă în laptele călduț. Dacă folosiți drojdie uscată, amestecați-o direct în făină.
d) Într-un castron separat, combinați zahărul, cardamomul măcinat și stafidele (dacă doriți) cu făina.
e) Adăugați amestecul de lapte și drojdie la ingredientele uscate, urmat de untul topit și răcit. Amestecați energic până când aluatul devine lucios și flexibil. Dacă aluatul este prea lipicios, puteți incorpora puțin mai multă făină.
f) Acoperiți aluatul cu folie de plastic și puneți-l într-un loc cald. Lăsați-l să crească până când își dublează volumul, ceea ce durează de obicei aproximativ 45-60 de minute. Dacă faci kringle, aici te oprești.
g) Pentru chifle dulci, frământați ușor aluatul și modelați-l într-un cârnați lung. Împărțiți aluatul în 24 de părți egale și modelați fiecare bucată într-o bilă rotundă.
h) Pune chiflele formate pe o tava unsa cu unt si lasa-le sa creasca inca 20 de minute.
i) Preîncălziți cuptorul la temperatura recomandată.
j) Bate oul si foloseste-l pentru a unge blatul chiflelor.
k) Coaceți chiflele pe grătarul din mijloc al cuptorului până se rumenesc frumos cu părțile palide.
l) Bucurați-vă de chiflele voastre dulci de casă!

Gustări

20.Kringler danez

INGREDIENTE:
- 2 ¼ căni de făină universală
- 2 linguri de zahar granulat
- 1 lingurita drojdie instant
- ½ lingurita sare
- ½ cană lapte, călduț
- 2 linguri de unt nesarat, topit
- 1 ou, batut

PENTRU TOPING:
- 1 ou, batut
- Zahăr perlat sau zahăr grosier pentru stropire

INSTRUCȚIUNI:
a) Într-un castron mare, combinați făina, zahărul, drojdia instant și sarea.
b) Adăugați la ingredientele uscate laptele călduț, untul topit și oul bătut. Se amestecă până când aluatul se îmbină.
c) Transferați aluatul pe o suprafață ușor înfăinată și frământați aproximativ 5-7 minute până când este omogen și elastic.
d) Puneti aluatul inapoi in vas, acoperiti cu o carpa curata si lasati-l sa creasca la loc cald aproximativ 1 ora sau pana isi dubleaza volumul.
e) Preîncălziți cuptorul la 375 ° F (190 ° C). Tapetați o foaie de copt cu hârtie de copt.
f) Împărțiți aluatul în 6 bucăți egale. Rulați fiecare bucată într-o frânghie lungă, de aproximativ 20 de centimetri lungime.
g) Modelați fiecare frânghie într-un nod asemănător unui covrig, încrucișând capetele unul peste celălalt și bagându-le sub aluat.
h) Puneți kringlerii formați pe foaia de copt pregătită. Ungeți-le cu ou bătut și stropiți cu zahăr perlat sau zahăr grosier.
i) Coacem in cuptorul preincalzit pentru aproximativ 12-15 minute sau pana se rumenesc.
j) Scoateți-le din cuptor și lăsați-le să se răcească puțin înainte de servire.

21. Aebleskiver danez

INGREDIENTE:
- 1 ½ cană de făină universală
- 2 linguri de zahar
- ½ linguriță de praf de copt
- ¼ lingurita sare
- 1 ¼ cană de zară
- 2 ouă mari
- Unt sau ulei, pentru gătit
- Zahăr pudră, pentru servire
- Dulceata sau conserve, pentru servire

INSTRUCȚIUNI:
a) Într-un castron, amestecați făina, zahărul, praful de copt și sarea.
b) Într-un castron separat, amestecați zara și ouăle.
c) Turnați ingredientele umede în ingredientele uscate și amestecați până se omogenizează.
d) Încingeți o tigaie aebleskiver la foc mediu și ungeți-o ușor cu unt sau ulei.
e) Umpleți fiecare godeu din tigaie cu aluat, aproximativ ¾ plin.
f) Gătiți aebleskiver până când fundul devine maro auriu, apoi folosiți o frigărui sau un ac de tricotat pentru a le răsturna și gătiți cealaltă parte.
g) Repetați cu aluatul rămas. Serviți aebleskiverul pudrat cu zahăr pudră și însoțit de gem sau conserve.

22. Suedeză Aniswe Twists

INGREDIENTE:
- 2 1/2 căni de făină universală
- 1/2 cană unt nesărat, înmuiat
- 1/2 cană zahăr granulat
- 2 lingurite extract de anason
- 1/2 lingurita praf de copt
- 1/4 lingurita sare
- 1 ou
- Zahăr perlat pentru stropire (opțional)

INSTRUCȚIUNI:
a) Preîncălziți cuptorul la 375 ° F (190 ° C) și tapetați o tavă de copt cu hârtie de copt.
b) Într-un castron mare, cremă împreună untul înmuiat, zahărul granulat și extractul de anason până devine ușor și pufos.
c) Într-un castron separat, amestecați făina, praful de copt și sarea.
d) Adăugați treptat ingredientele uscate în amestecul de unt, amestecând bine după fiecare adăugare.
e) Bateți oul până când aluatul se îmbină.
f) Împărțiți aluatul în bucăți mici și rulați fiecare bucată într-o frânghie lungă, de aproximativ 8 inci lungime.
g) Răsuciți fiecare frânghie într-o formă de „S" și puneți-o pe foaia de copt pregătită.
h) Presărați zahăr perlat peste răsuciri (dacă doriți).
i) Coaceți 10-12 minute sau până când marginile sunt ușor aurii.
j) Lăsați răsucirile să se răcească complet înainte de servire.

23.Dandies danezi (Danske Smakager)

INGREDIENTE:
- ½ cană de unt
- ½ cană scurtare
- ¾ cană de zahăr
- ½ lingurita Sare
- ½ lingurita de vanilie
- ½ linguriță extract de lămâie
- 3 ouă fierte tari, cernute
- 2 cani de faina cernuta
- Sirop de porumb
- Nuci tocate

INSTRUCȚIUNI:
a) Cremă împreună untul, scurtarea și zahărul până când devine ușor și pufos.
b) Adăugați sare, vanilie, extract de lămâie și ouă fierte cernute. Amesteca bine.
c) Se amestecă făina cernută și se amestecă până se omogenizează bine.
d) Cu ajutorul mâinilor, modelați aluatul în bile mici și așezați-le pe o tavă de copt.
e) Faceți o adâncitură în centrul fiecărui prăjitură cu degetul mare sau cu dosul unei linguri.
f) Umpleți fiecare adâncitură cu o cantitate mică de sirop de porumb și presărați deasupra nuci tocate.
g) Coaceți în cuptorul preîncălzit conform rețetei de prăjituri sau până când marginile sunt aurii.
h) Lăsați fursecurile să se răcească pe tava de copt câteva minute înainte de a le transfera pe un grătar pentru a se răci complet.

24.Aperitive suedeze de chiftelute

INGREDIENTE:
- 2 linguri ulei de gatit
- 1 kg   carne de vită tocată
- 1 ou
- 1 cană pesmet moale
- 1 lingurita zahar brun
- ½ lingurita Sare
- ¼ lingurita Piper
- ¼ linguriță de ghimbir
- ¼ linguriță cuișoare măcinate
- ¼ lingurita de nucsoara
- ¼ linguriță scorțișoară
- ⅔ cană lapte
- 1 cană smântână
- ½ lingurita Sare

INSTRUCȚIUNI:

a) Încinge uleiul de gătit într-o tigaie. Se amestecă toate ingredientele rămase, mai puțin smântâna și ½ linguriță. sare.

b) Formați chiftele de carne de dimensiunea unui aperitiv (aproximativ 1 inch în diametru). Rumeniți în ulei de gătit pe toate părțile până când sunt complet gătite.

c) Scoateți din tavă și scurgeți-l pe prosoape de hârtie. Se îndepărtează excesul de grăsime și se răcește ușor tava. Adăugați o cantitate mică de smântână pentru a bate rumenirea și amestecați. Apoi adăugați smântâna rămasă și ½ linguriță. sare, amestecand pentru a omogeniza.

25.Nuci cu zahăr din Norvegia

INGREDIENTE:
- 1 albuș de ou
- 1½ linguriță de apă
- 3 cești amestecuri de nuci sărate
- 1 cană de zahăr amestecat cu ½ linguriță de scorțișoară

INSTRUCȚIUNI:
a) Într-un castron, combinați albușul și apa, bătând ușor. Adăugați nucile și ungeți-le bine.
b) Amestecați amestecul combinat de zahăr și scorțișoară în nucile acoperite.
c) Aranjați amestecul de nuci într-un singur strat pe o hârtie maro BINE UNSĂ pe o tavă cu rulouri de jeleu.
d) Coaceți într-un cuptor preîncălzit la 350 de grade Fahrenheit timp de 25 până la 30 de minute, amestecând o dată sau de două ori în timpul coacerii.
e) Scoateți de pe hârtie când se răcește. Bucurați-vă de nucile voastre norvegiene!

26.Melci danezi

INGREDIENTE:
- ½ lot de patiserie daneză
- ½ lipi de unt
- ½ cană zahăr brun deschis
- ¾ cană nuci sau nuci tocate
- Scorțișoară
- Spălarea ouălor
- Glazura cu apa

INSTRUCȚIUNI:
a) Rulați aluatul într-un dreptunghi de 12 pe 20 de inci.
b) Ungeți cu unt moale și stropiți cu zahăr brun, nuci pecan și scorțișoară.
c) Rulați din partea de 20 de inci și tăiați în 12 bucăți.
d) Așezați bucățile, tăiate în sus, în tavi pentru brioșe tapetate cu pahare pentru brioșe de hârtie.
e) Dovada 50% si spalare cu ou.
f) Se coace la 375 de grade pentru aproximativ 25 de minute.
g) Se răcește și se stropește cu glazură de apă.

27.Batoane norvegiene de migdale

INGREDIENTE:
BAZA:
- 1¾ cani de faina universala
- ¾ cană de zahăr
- 1 lingurita Praf de copt
- ½ cană fulgi de cartofi piure
- ½ linguriță scorțișoară
- ½ lingurita Sare
- ¾ cană margarină sau unt, înmuiat
- ½ linguriță cardamom
- 1 ou

UMPLERE:
- 1¼ cani de zahar pudra
- ½ cană apă
- 1 tub (7 oz) pastă de migdale

INSTRUCȚIUNI:
a) Încinge cuptorul la 375 de grade Fahrenheit.
b) Puneti usor faina intr-o cana de masura; nivelați. Într-un castron mare, combinați făina și restul ingredientelor de bază; se amestecă până se formează firimituri.
c) Apăsați jumătate din amestec într-o tavă neunsă de 13 x 9 inci. Rezervați amestecul rămas pentru topping.
d) Într-un castron mare, combinați toate ingredientele de umplutură și amestecați bine.
e) Întindeți umplutura peste bază și presărați amestecul rezervat peste umplutură.
f) Coaceți la 375 de grade timp de 25-30 de minute sau până când devine maro deschis.
g) Se răcește complet și se taie în batoane.
h) Savurează-ți delicioasele batoane de migdale norvegiene!

28. Chiftele norvegiene de pui

INGREDIENTE:

- 1 kg   de pui măcinat
- 4½ linguriță amidon de porumb; împărțit
- 1 ou mare
- 2¼ cană supă de pui; împărțit
- ¼ lingurita Sare
- ½ linguriță coajă de lămâie proaspăt rasă
- 2 linguri Mărar proaspăt tocat; împărțit
- 4 uncii   de brânză Gjetost; tăiați cubulețe de 1/4 inch
- 4 cesti taitei fierbinti cu ou

INSTRUCȚIUNI:

a) Bate oul; adăugați puțin ¼ cană bulion și 1¼ linguriță amidon de porumb. Se amestecă până se omogenizează. Adăugați coaja de lămâie și 1 lingură mărar proaspăt . Adăugați puiul măcinat la acest amestec .

b) Aduceți două căni de bulion la fiert într-o tigaie de 10 sau 12 inci.

c) Puneți ușor linguri de amestec de pui în bulion fiert .

d) Pregătiți sosul: Amestecați restul de 1 lingură de amidon de porumb în 2 linguri de apă rece. Se amestecă în bulion fierbinte și se fierbe câteva minute până se îngroașă oarecum. Adăugați brânza tăiată cubulețe și amestecați constant până când brânza se topește.

e) În timp ce puiul se gătește, pregătiți tăițeii și păstrați-i fierbinți.

f) Întoarceți biluțele de pui în sos.

29.Chifte norvegiene în jeleu de struguri

INGREDIENTE:
- 1 cană pesmet; moale
- 1 cană de lapte
- 2 kg   carne de vită tocată
- ¾ de kilograme de porc măcinat; a se sprijini
- ½ cană ceapă; tocat mărunt
- 2 oua; bătut
- 2 lingurite Sare
- 1 lingurita Piper
- ½ lingurita de nucsoara
- ½ linguriță de ienibahar
- ½ linguriță cardamom
- ¼ linguriță de ghimbir
- 2 linguri picuraturi de bacon; sau ulei de salată
- 8 uncii   Jeleu de struguri

INSTRUCȚIUNI:

a) Înmuiați pesmetul în lapte timp de o oră. Combinați carnea de vită, porc și ceapa. Adăugați ouăle, laptele, amestecul de pesmet. Adăugați sare, piper și condimente.

b) Se amestecă bine și se bate cu o furculiță. Răciți una până la două ore. Formați bile mici, rulați în făină și rumeniți în slănină sau ulei. Agitați tava sau tigaia grea pentru a rula chiftele în unsoare fierbinte.

c) Puneți într-o oală de vase cu 1 borcan mare de jeleu de struguri și gătiți la LENT timp de o oră.

cookie-uri

30.Mix de prăjituri pentru pălăria lui Napoleon

INGREDIENTE:

- 2 căni de făină universală
- ¼ lingurita Sare
- ¾ cană unt sau margarină
- ½ cană de zahăr
- 2 gălbenușuri de ou
- 1 lingurita de vanilie
- 2 albușuri
- ¼ lingurita crema de tartru
- ⅓ cană zahăr pudră, cernut
- 1 cană migdale, măcinate

INSTRUCȚIUNI:

a) Combinați făina și sarea; pus deoparte. Într-un castron mare, folosiți un mixer electric pentru a bate untul sau margarina la viteză medie timp de 30 de secunde. Se adauga zaharul si se bate pana devine pufoasa. Incorporeaza galbenusurile de ou si vanilia, batand bine.

b) Adăugați ingredientele uscate la amestecul bătut și continuați să bateți până se omogenizează bine.

c) Se acopera aluatul si se da la frigider pentru 1 ora. Pentru umplutura cu pasta de migdale: Intr-un castron mic, bate albusurile si crema de tartru pana se formeaza varfuri moi (varfurile se ondula). Adăugați treptat zahărul pudră cernut, batând până să formează vârfuri tari (vârfurile stau drepte). Încorporați ușor migdalele măcinate și lăsați deoparte.

d) Pe o suprafață ușor înfăinată, rulați aluatul la o grosime de ⅛". Tăiați în cercuri de 3". Așezați aproximativ 1 linguriță rotunjită de umplutură de migdale în centrul fiecărui cerc. Îndoiți și prindeți trei părți pentru a crea o pălărie cu trei colțuri, lăsând partea superioară a umpluturii la vedere.

e) Aranjați fursecurile formate la 2" una de cealaltă pe o foaie de prăjituri neunsă.

f) Coaceți într-un cuptor la 375 de grade timp de 10 până la 12 minute. Scoateți și răciți pe un grătar.

31. Fattigmann (fursecuri norvegiene de Crăciun)

INGREDIENTE:
- 10 gălbenușuri de ou
- 2 albușuri
- ¾ cană de zahăr
- ¼ cană Brandy
- 1 cană smântână grea
- 5 căni de făină universală cernută
- 2 lingurite cardamom macinat
- Unturǎ pentru prăjit

INSTRUCȚIUNI:

a) Bateți gălbenușurile, albușurile, zahărul și brandy-ul până se îngroașă. Adăugați încet smântâna, amestecând bine.

b) Cerneți făina și cardamomul împreună; adăugați aproximativ ½ cană o dată la amestecul de ouă, amestecând bine după fiecare adăugare. Înfășurați aluatul și lăsați-l la rece peste noapte.

c) Se încălzește untura la 365 până la 370 de grade într-o cratiță adâncă.

d) Întindeți aluatul în porții mici, de 1/16 inch grosime, pe o suprafață tapetă cu făină.

e) Folosind un cuțit cu făină sau o roată de patiserie, tăiați aluatul în formă de romb, 5" x 2"; faceți o fantă longitudinală în centrul fiecărui diamant. Trageți vârful unui capăt prin fiecare fantă și trageți-l înapoi sub ea însăși.

f) Se prăjește timp de 1 până la 2 minute sau până când devine maro auriu, întorcându-se o dată.

g) Scurgeți și răciți.

h) Stropiți fursecurile cu zahăr de cofetă. A se pastra in recipiente bine acoperite. Bucură-te de Fattigmann-ul tău, un delicios tradițional norvegian de Crăciun!

32.Semilune de Crăciun suedeză

INGREDIENTE:
- 1 cană de unt
- 2 linguri migdale, macinate
- 1 cană zahăr pudră
- 2 cani de faina
- 1 lingurita de vanilie
- ¼ cană zahăr pudră (pentru pudrat)
- ½ lingurita Sare
- 2 lingurițe de scorțișoară

INSTRUCȚIUNI:
a) Crema untul si zaharul impreuna.
b) Bateți vanilia, sarea și migdalele măcinate.
c) Se amestecă treptat cu făina.
d) Modelați aluatul în semilune folosind câte o linguriță rotunjită pentru fiecare.
e) Se presară semilunele cu un amestec de zahăr pudră și scorțișoară.
f) Coaceți pe foi de prăjituri neunsate într-un cuptor preîncălzit la 325°F (165°C) timp de 15-18 minute sau până când marginile sunt ușor aurii.

33. Pepparkakor (fursecuri cu ghimbir suedez)

INGREDIENTE:

- ½ cană melasă
- ½ cană de zahăr
- ½ cană de unt
- 1 ou, bine batut
- 2½ căni de făină universală cernută
- ¼ lingurita Sare
- ¼ linguriță de bicarbonat de sodiu
- ½ linguriță de ghimbir
- ½ linguriță scorțișoară

INSTRUCȚIUNI:

a) Se încălzește melasă într-o cratiță mică până la punctul de fierbere, apoi se fierbe timp de 1 minut.
b) Se adauga zaharul si untul, amestecand pana se topeste untul. Lăsați amestecul să se răcească.
c) Se bate oul bine batut.
d) Cerne împreună făina, sarea, bicarbonatul de sodiu și condimentele. Adăugați acest amestec la primul amestec și amestecați bine.
e) Acoperiți strâns vasul și lăsați aluatul la rece peste noapte.
f) Întindeți câte o porție din aluat pe o cârpă de patiserie ușor făinată. Întindeți-l subțire.
g) Tăiați aluatul în formele dorite.
h) Coaceți într-un cuptor moderat (350°F) timp de 6 până la 8 minute.

34.Biscuiți suedezi pentru degetul mare

INGREDIENTE:
- ½ cană de unt
- 1 cană de zahăr
- 2 lingurite de zahar brun
- 1 gălbenuș de ou, nebătut
- 1½ cuburi (Notă: acesta poate fi un ingredient lipsă. Vă rugăm să verificați.)
- 1⅓ cană făină universală, cernută
- Carbonat de amoniac (cantitate nespecificată)

INSTRUCȚIUNI:
a) Crema untul, adauga zaharul treptat, si smantana pana la lumina.
b) Adăugați gălbenușul de ou și amestecați bine.
c) Se zdrobesc cuburi de amoniac și se cern cu făină.
d) Adăugați suficientă făină pentru a face un aluat tare. Aluatul ar trebui să crape când degetul mare este apăsat.
e) Rotiți în bile și împingeți în centru cu degetul mare.
f) Coaceți la cuptorul lent (250 de grade) timp de 30 de minute.

35.Biscuiți suedezi cu fulgi de ovăz

INGREDIENTE:
ALUAT DE COOKIE:
- ¾ cană făină universală
- ½ linguriță de sifon
- ½ linguriță sare Diamond Crystal
- ½ cană de zahăr
- ⅓ cană de zahăr
- ¼ cană de unt Land O'Lake (sau margarină)
- ½ cană zahăr brun
- ½ cană scurtare
- 1 ou mare nebătut
- ½ lingurita de vanilie
- 1½ cani de ovaz rulat
- 1 lingură sirop de porumb ușor
- ¼ cană migdale albite, tocate
- ¼ linguriță extract de migdale

TOPPING DE MIGDALE:
- ¼ cană de zahăr
- 1 lingura de unt
- 1 lingură sirop de porumb ușor
- ¼ cană migdale albite, tocate
- ¼ linguriță extract de migdale

INSTRUCȚIUNI:
a) Cerne împreună făina, sifonul și sarea. Pus deoparte.
b) Adăugați treptat zahărul și zahărul brun la shortening, cremând bine.
c) Amestecați ouăle și vanilia, batând bine.
d) Adăugați ingredientele uscate, apoi fulgi de ovăz și amestecați bine.
e) Puneți cu lingurițe pe foi de prăjituri neunse.
f) Se coace la 350 de grade timp de 8 minute.
g) Scoateți din cuptor și puneți o jumătate de linguriță de Topping de migdale în centru, apăsând ușor.
h) Coaceți încă 6 până la 8 minute până când fursecurile devin maro auriu.
i) Se răcește timp de 1 minut înainte de a se scoate din tava de biscuiți.

TOPPING DE MIGDALE:
j) Combinați zahărul, untul și siropul ușor de porumb într-o cratiță; aduce la fierbere.
k) Se ia de pe foc.
l) Se amestecă migdalele și extractul de migdale.

36.Biscuiți cu unt suedezi

INGREDIENTE:

- ½ cană de unt
- ¼ cană de zahăr
- 1½ linguriță coajă de lămâie mărunțită mărunt
- ¼ lingurita de vanilie
- 1 cană făină universală
- 4 uncii de ciocolată demidulce (4 pătrate)
- 2 linguri Scurtare

INSTRUCȚIUNI:

a) Bateți untul cu un mixer electric timp de 30 de secunde.
b) Adăugați zahărul, coaja de lămâie și vanilia; bate până se combină.
c) Bateți cât mai mult din făină cu mixerul, răzuind din când în când părțile laterale ale bolului.
d) Se amestecă făina rămasă. Se acopera si se da la rece 1 ora sau pana cand aluatul este usor de manevrat.
e) Întindeți aluatul pe o suprafață ușor făinată la o grosime de ⅛ până la ¼ inch.
f) Folosiți un tăietor de biscuiți de 2 inci pentru a tăia aluatul. Puneți decupajele la 1 inch una de cealaltă pe o foaie de biscuiți neunsă.
g) Coaceți într-un cuptor la 375°F timp de 5 până la 7 minute, până când marginile încep să se rumenească.
h) Răciți timp de 1 minut pe foaia de biscuiți, apoi scoateți fursecurile pe un grătar pentru a se răci.
i) Încinge ciocolata și shorteningul într-o cratiță la foc mic, amestecând din când în când.
j) Înmuiați o parte din fiecare prăjitură în amestecul de ciocolată.
k) Se răcește pe hârtie cerată timp de 30 de minute sau până se întărește ciocolata. Dacă este necesar, dați prăjiturile la rece până se întărește ciocolata.

37.Fursecuri suedeze Spritz

INGREDIENTE:
- 2 cani de unt
- 1½ cană de zahăr
- 1 ou
- 1 lingurita de vanilie
- 4½ căni de făină

INSTRUCȚIUNI:
a) Crema bine untul si zaharul.
b) Adăugați oul și vanilia (sau alte arome).
c) Adăugați treptat făina și amestecați bine.
d) Folosiți un disc stea cu o presă pentru prăjituri pentru a modela aluatul în coroane mici.
e) Coaceți la 400 ° F timp de 7 până la 10 minute. Fursecurile ar trebui să fie setate, dar nu maro.
f) Bucurați-vă de prăjiturile voastre Spritz suedeze!

38.Biscuiți suedezi cu ghimbir

INGREDIENTE:
- 1 cană de unt
- 1½ cană de zahăr
- 1 ou mare
- 1½ linguriță coajă de portocală rasă
- 2 linguri sirop de porumb negru
- 1 lingura de apa
- 3¼ cani de făină universală nealbită
- 2 lingurite de bicarbonat de sodiu
- 2 lingurițe de scorțișoară
- 1 lingurita de ghimbir macinat (sau mai mult dupa gust)
- ½ linguriță cuișoare măcinate

INSTRUCȚIUNI:
a) Cremă untul și zahărul până la lumină.
b) Adăugați oul, coaja de portocală, siropul de porumb și apa, amestecând bine.
c) Cerne ingredientele uscate împreună și adaugă la amestecul de unt.
d) Răciți bine aluatul.
e) Se întinde foarte subțire, aproximativ ⅛ inch și se taie cu forme de prăjituri.
f) Coaceți pe foi de prăjituri neunsate într-un cuptor preîncălzit la 350°F (175°C) timp de 8 până la 10 minute. Nu coaceți prea mult, altfel prăjiturile se vor arde.

39.Suedeză Orange Gingersnaps

INGREDIENTE:
- 1 jumatate de unt nesarat
- 1 cană zahăr brun
- 1 ou mare
- 2 linguri plus 1 lingurita melasa
- 1 lingura suc de portocale
- 1 lingura coaja de portocala rasa fin
- 2¾ până la 3 căni de făină
- 1 lingurita de bicarbonat de sodiu
- ½ linguriță cuișoare măcinate
- 2 lingurite de scortisoara macinata
- 2 lingurițe de ghimbir măcinat

INSTRUCȚIUNI:
a) Crema împreună untul și zahărul până la lumină.
b) Bateți 1 ou și amestecați melasa, sucul de portocale și coaja.
c) Cerne ingredientele uscate și amestecă-le în ingredientele umede pentru a obține un aluat moale și neted, adăugând mai multă făină dacă aluatul este prea lipicios.
d) Framantam aluatul de trei ori pe o tabla usor infainata.
e) Preîncălziți cuptorul la 350 de grade F.
f) Modelați aluatul în 3 bușteni, de aproximativ 8 inci lungime. Înfășurați în folie de plastic și lăsați-l la frigider pentru cel puțin 1 oră sau peste noapte.
g) Tăiați bușteni în cercuri subțiri, cu o grosime de mai puțin de ⅛ inch.
h) Așezați pe foi de copt unse ușor.
i) Coaceți fursecurile timp de aproximativ 8 până la 10 minute.
j) Scoateți din cuptor și transferați fursecurile pe un gratar pentru a se răci.

40. Fursecuri norvegiene cu melasa

INGREDIENTE:
cookie-uri:
- 2½ căni de făină universală
- 2 lingurite de bicarbonat de sodiu
- 1 cană de zahăr brun deschis bine ambalat
- ¾ cană margarină FLEISCHMANN, înmuiată
- ¼ cană BĂTĂTOR DE OUĂ 99% Ou Real
- 1 cană zahăr cofetar
- ¼ cană GER RABBIT Melasă deschisă sau închisă
- ¼ cană zahăr granulat
- Apă
- Stropi colorate (opțional)

Glazura de zahăr de cofetar:
- 6 lingurite lapte degresat
- zahăr cofetar (la consistența dorită)

INSTRUCȚIUNI:
cookie-uri:
a) Într-un castron mic, combinați făina și bicarbonatul de sodiu; pus deoparte.
b) Într-un castron mediu cu un mixer electric la viteză medie, cremă de zahăr brun și margarina. Adăugați produsul din ou și melasa; bate pana se omogenizeaza.
c) Se amestecă amestecul de făină. Acoperiți și lăsați aluatul la rece timp de 1 oră.
d) Modelați aluatul în 48 (1¼") bile; rulați în zahăr granulat.
e) Așezați pe foi de copt unse și unse cu făină, la o distanță de aproximativ 2". Stropiți ușor aluatul cu apă.
f) Coaceți la 350 ° F timp de 18-20 de minute sau până când se aplatizează.
g) Scoateți din foi și răciți pe grătare de sârmă.
h) Decorați cu glazură de zahăr de cofetarie și stropi colorate, dacă doriți.

Glazura de zahăr de cofetar:
i) Într-un castron, amestecați laptele degresat cu zahărul de cofetă pentru a obține consistența de glazură dorită.

41.Semilune de migdale suedeze

INGREDIENTE:
- ½ cană (1 baton) margarină
- ⅓ cană de zahăr
- ½ linguriță extract de migdale
- 1⅔ cană făină universală
- ⅔ cană Migdale măcinate sau tocate foarte fin
- ¼ cană apă
- ⅓ cană zahăr pudră sau cofetar

INSTRUCȚIUNI:
a) Preîncălziți cuptorul la 375°F. Pulverizați foile de biscuiți cu spray de gătit sau tapetați cu folie de aluminiu. Pus deoparte.
b) Folosind un mixer electric la viteză medie, cremă margarina, zahărul și extractul de migdale împreună până devin pufoase.
c) Adăugați făină, nuci și apă la amestecul de cremă și amestecați la viteză medie pentru a se amesteca.
d) Întoarceți aluatul pe o masă ușor înfăinată, frământați ușor și împărțiți-l în 24 de porții a câte 1 lingură fiecare.
e) Modelați fiecare porție într-o rolă de aproximativ 4 inci lungime cu capete conice. Formați rulourile în semilune și puneți-le pe foile de biscuiți pregătite.
f) Coaceți timp de 8 până la 10 minute sau până se rumenesc ușor pe fund.
g) Trageți semilunele calde în zahăr pudră și puneți-le pe grătare pentru a se răci la temperatura camerei.
h) Păstrați într-un recipient ermetic sau congelați până când este necesar.

CÂRNAȚI

42. Liverwurst danez

INGREDIENTE:
- 4 kilograme de ficat de porc gătit măcinat fin (fiert)
- 1 kg de bacon măcinat fin
- 2 cani de ceapa tocata
- 1½ cani de lapte
- 1½ cani de lapte evaporat
- ½ cană făină de cartofi
- 6 oua batute
- 3 lingurite piper negru
- 2 linguri sare
- 1 lingurita cuisoare macinate
- 1 lingurita ienibahar

INSTRUCȚIUNI:
a) Faceți un sos din lapte și făină de cartofi și gătiți până se îngroașă.
b) Combinați toate ingredientele.
c) Se fierbe in apa cu sare timp de aproximativ 20 de minute.
d) Se da la frigider timp de 24 de ore inainte de utilizare.
e) Împărțiți cârnații și folosiți-l ca pe un tartinat.

43. Cârnați danez de porc

INGREDIENTE:
- 5 kg fund de porc măcinat fin
- 5 lingurite sare
- ¼ linguriță ienibahar
- 2 lingurite de piper alb
- ¼ linguriță cuişoare
- 1 lingurita cardamom
- 1 ceapă mare tocată
- 1 cană bulion rece de vită

INSTRUCȚIUNI:
a) Combinați toate ingredientele, amestecați bine și umpleți în carcasă de porc.

44.Cârnați Suedezi de Cartofi

INGREDIENTE:
- 1 ceapă mică, tăiată
- 1 lingura Sare
- 1½ linguriță piper negru
- 1 lingurita de ienibahar
- 1 cană lapte uscat fără grăsimi
- 1 cană de apă
- 6 căni de cartofi, tăiați, tăiați
- 1½ kg Carne de vită slabă
- 1 kilogram de carne de porc slabă
- 1 Carcasă pentru cârnați

INSTRUCȚIUNI:
a) Măcinați carnea, cartofii și ceapa printr-o farfurie de tocat ⅜" și puneți-le într-un mixer.
b) Adăugați toate celelalte ingrediente cu apa si amestecati bine.
c) După această procedură, măcinați din nou prin placa de ⅜".
d) Introduceți într-o carcasă de porc de 35-38 mm.

45.danez Oxford Horns

INGREDIENTE:
- 5 kg fund de porc măcinat grosier
- 1½ linguriță de salvie
- 1½ linguriță de cimbru
- 1½ linguriță maghiran
- coaja rasa intreaga de lamaie
- 1½ linguriță de nucșoară
- 4 lingurite sare
- 2 lingurite piper negru
- 3 oua
- 1 cană apă

INSTRUCȚIUNI:
a) Combinați toate ingredientele, amestecați bine și umpleți în carcasă de porc.
b) Pentru a găti, a prăji sau a prăji.

46.Cârnați norvegieni

INGREDIENTE:
- 3 kilograme de carne de vită măcinată grosier
- 2 kg fund de porc măcinat grosier
- 1½ linguriță sare
- 4 cepe medii, ras
- 1 lingura piper negru
- 2½ lingurițe de nucșoară
- 1 cană apă rece

INSTRUCȚIUNI:
a) Combinați toate ingredientele, amestecați bine și umpleți în carcasă de porc.
b) Pentru a găti, coace sau prăji.

FORM PRINCIPAL

47. Lasagna suedeză Janssons Frestelse

INGREDIENTE:
- 9 taitei lasagna
- 4 cartofi de marime medie, curatati de coaja si taiati felii subtiri
- 2 cepe, feliate subțiri
- 8 uncii file de hamsii, scurse si tocate
- 1 cană smântână groasă
- ½ cană pesmet
- 2 linguri de unt
- Sare si piper dupa gust
- Pătrunjel proaspăt tocat pentru decor

INSTRUCȚIUNI:
a) Preîncălziți cuptorul la 375 ° F (190 ° C) și ungeți ușor o tavă de copt de 9 x 13 inci.
b) Gătiți tăițeii lasagna conform instrucțiunilor de pe ambalaj. Scurgeți și puneți deoparte.
c) Într-o tigaie mare, topește untul la foc mediu. Adaugati ceapa taiata felii si caliti pana devine translucida.
d) Așezați jumătate din cartofii tăiați în tava de copt unsă, apoi jumătate din ceapa călită și jumătate din fileurile de hamsii tocate.
e) Repetați straturile cu restul de cartofi, ceapă și hamsii.
f) Turnați crema groasă peste straturi, asigurându-vă că este distribuită uniform.
g) Se condimenteaza cu sare si piper dupa gust.
h) Acoperiți tava de copt cu folie de aluminiu și coaceți timp de 45 de minute.
i) Scoateți folia și presărați pesmetul uniform deasupra.
j) Coaceți încă 10-15 minute sau până când pesmetul devine maro auriu și crocant.
k) Se lasa sa se raceasca cateva minute inainte de servire.
l) Se ornează cu pătrunjel proaspăt tocat înainte de servire.

48.Friptură de vițel suedeză mărată

INGREDIENTE:

- 1 lingura de unt sau margarina
- 1 friptură de umăr sau pulpă de vițel dezosată, rulată, legată (3 lb)
- 8 uncii ciuperci; sferturi
- 24-36 morcovi foarte mici sau 6-8 med. morcovi
- 2 linguri Mărar proaspăt tocat sau 2 linguri. buruiana uscată de mărar
- ⅛ linguriță de piper alb măcinat
- ¼ cană suc de lămâie
- ½ cană vin alb sec
- 3 linguri amidon de porumb
- ⅓ cană smântână pentru frișcă
- Sarat la gust
- Răsucire de coajă de lămâie
- Crengute de marar

INSTRUCȚIUNI:
a) Topiți untul într-o tigaie lată antiaderentă la foc mediu-înalt.
b) Se adaugă carnea de vițel și se rumenește bine pe toate părțile, apoi se pune într-un aragaz lent electric de 4 litri sau mai mare.
c) Înconjurați carnea de vițel cu ciuperci și morcovi (dacă folosiți morcovi de mărime medie, mai întâi tăiați fiecare în jumătate în cruce, apoi tăiați pe lungime în sferturi).
d) Se presară mărar tocat și piper alb. Se toarnă suc de lămâie și vin.
e) Acoperiți și gătiți la o temperatură scăzută până când carnea de vițel este foarte fragedă când este străpunsă (7½-9 ore).
f) Ridicați cu grijă carnea de vițel pe un platou adânc cald.
g) Folosind o lingură cu fantă, ridicați morcovii și ciupercile din aragaz și aranjați în jurul carnei de vițel; tine de cald.
h) Într-un castron mic, amestecați amidonul de porumb și smântâna; se amestecă în lichid în aragaz.
i) Măriți setarea de căldură a aragazului la mare; se acoperă și se fierbe, amestecând de 2 sau 3 ori până când sosul se îngroașă (încă 15-20 de minute).
j) Asezonați cu sare.
k) Pentru a servi, scoateți și aruncați șirurile din carne de vițel. Tăiați peste bob.
l) Puneti putin sos peste carne de vitel si legume; dacă se dorește, se ornează cu coajă de lămâie și crenguțe de mărar. Servește sosul rămas într-un castron sau ulcior pentru a adăuga gust.

49.Hamburgeri cu ceapa, in stil suedez

INGREDIENTE:
- 1½ kg Carne de vită tocată
- 3 linguri de unt
- 3 cepe galbene; feliate
- 1 ardei verde; în inele
- Sare si piper
- Cartofi de patrunjel; castraveți murați (opțional)

INSTRUCȚIUNI:
a) Modelați carnea de vită în 4 sau 5 chiftelușe, manipulând-o cât mai puțin posibil.
b) Într-o tigaie se topește jumătate din unt.
c) Adaugati ceapa taiata felii si caliti la foc mic pana devine auriu.
d) Adăugați rondelele de ardei și ½ cană de apă clocotită.
e) Se condimentează cu sare si piper dupa gust, se ia de pe foc si se tine la cald.
f) Condimentează chiftelele de vită pe ambele părți.
g) În aceeași tigaie, prăjiți chiftelele în untul rămas până ajung la starea dorită.
h) Acoperiți fiecare chiflă cu amestecul de ceapă.
i) Serviți cu cartofi de pătrunjel și castraveți murați, dacă doriți.

50.Somon poșat norvegian cu unt de hamsii

INGREDIENTE:

- 1½ linguri de unt nesarat, inmuiat
- 1½ lingurita frunze de patrunjel proaspat tocat
- ¾ linguriță Pastă de hamsii sau piure de file de hamsii
- 1 ceapă, feliată
- ⅓ cană oțet alb distilat
- ¼ cană de zahăr
- ½ lingurita boabe de piper negru
- 1 lingurita seminte de coriandru
- ½ linguriță de semințe de muștar
- 1 lingurita Sare
- Două fripturi de somon de 1 inch grosime (fiecare aproximativ 1/2 kilogram)

INSTRUCȚIUNI:

a) Într-un castron mic, combinați bine untul, pătrunjelul tocat, pasta de hamsii și piper negru proaspăt măcinat după gust. Pune deoparte untul de hamsii, acoperit.
b) Într-o cratiță, combinați ceapa feliată, oțetul, zahărul, boabele de piper, semințele de coriandru, semințele de muștar, sarea și 4 căni de apă. Aduceți amestecul la fierbere și fierbeți timp de 15 minute.
c) Se strecoară amestecul printr-o sită fină într-o tigaie adâncă și grea suficient de mare pentru a ține somonul într-un singur strat.
d) Adăugați somonul în lichidul de braconat, aduceți-l la fiert și fierbeți somonul, acoperit, timp de 8 până la 10 minute sau până când se fulge.
e) Transferați fripturile de somon pe farfurii folosind o spatulă cu fante, permițând lichidului de braconat să se scurgă.
f) Împărțiți untul de hamsii rezervat între fripturile de somon.

51.Pâine de carne suedeză

INGREDIENTE:

- 1 cană supă cremă de ciuperci
- 1½ kg Carne de vită tocată
- 1 ou; ușor bătută
- ½ cană pesmet, fin uscat
- ¼ lingurita de nucsoara, macinata
- ½ cană smântână

INSTRUCȚIUNI:

a) Într-un castron, combinați bine carnea de vită, oul, pesmetul, nucșoara și ⅓ cană de supă cremă de ciuperci.
b) Modelați ferm amestecul într-o formă de pâine și puneți-l într-o tavă de copt puțin adâncă.
c) Coaceți la 350 de grade timp de 1 oră.
d) În timp ce friptura se coace, amestecați supa cremă de ciuperci rămasă cu smântână într-o cratiță.
e) Se încălzește sosul, amestecând din când în când.
f) Serviți sosul peste pâinea de carne coptă.
g) Stropiți cu nucșoară suplimentară pentru aromă.
h) Ornați cu felii de castraveți dacă doriți.

52.Roast Beef Suedez Marat

INGREDIENTE:
- ¾ cană varză roșie, feliată ca hârtie subțire
- 1 lingurita otet de zmeura sau de vin rosu
- Ulei vegetal
- Sare si piper proaspat macinat
- 1 lingură Cremă de hrean preparată
- 2 Tortila cu lefse sau cu făină
- 1 lingură Mărar proaspăt tocat
- 2 frunze mari de salată Boston
- 3 până la 4 uncii roast beef felii subțiri

INSTRUCȚIUNI:
a) Se amestecă varza cu oțet, ulei vegetal, sare și piper, după gust.
b) Răspândiți crema de hrean peste tortilla de lefse sau de făină; se presară cu o cantitate mică de mărar.
c) Acoperiți cu salată verde, friptură de vită, varză și mărar rămas.
d) Se rostogolește ca un burrito.

53.Gravlax (somon curat cu zahăr și sare suedez)

INGREDIENTE:
- 2 fileuri de somon tăiate în centru; aproximativ 1 kilogram fiecare, cu pielea lăsată
- ⅔ cană zahăr
- ⅓ cană sare grunjoasă
- 15 boabe de piper alb zdrobite grosier
- 1 buchet mare de mărar
- 3 linguri muştar de Dijon
- 1 lingura de zahar
- 1 lingura de otet
- Sare si piper alb macinat, dupa gust
- ½ cană ulei vegetal
- ½ cană mărar proaspăt tocat

SOS DE MUSTAR MARAR:
- 3 linguri muştar de Dijon
- 1 lingura de zahar
- 1 lingura de otet
- Sare si piper alb macinat, dupa gust
- ½ cană ulei vegetal
- ½ cană mărar proaspăt tocat

INSTRUCȚIUNI:
a) Îndepărtați orice oase mici de pe file cu o pensetă sau un clește cu vârf.
b) Se amestecă zahărul, sarea și piperul într-un bol.
c) Acoperiți fundul unui vas de copt cu ⅓ din mărar.
d) Frecați jumătate din amestecul de zahăr-sare în primul file, pe ambele părți, și puneți-l cu pielea în jos deasupra mărarului.
e) Acoperiți cu ⅓ de mărar.
f) Pregătiți celălalt file de somon în același mod și acoperiți cu fileul rămas, cu pielea în sus, cu mărarul rămas deasupra.
g) Acoperiți cu folie de plastic, puneți o placă de tăiat cu niște greutăți mari deasupra și marinați la frigider timp de 24 de ore.
h) Scoateți din folie de plastic și aruncați sucurile acumulate.
i) Se împachetează din nou și se dă la frigider pentru încă 24 - 48 de ore.
j) Îndepărtați marinada și tăiați hârtie subțire.

Sos de muștar și mărar:
k) Amesteca mustarul, zaharul, otetul, sare si piper intr-un castron.
l) Adăugați încet uleiul până când amestecul se îngroașă.
m) Se amestecă mărar proaspăt tocat.
n) Serviți Gravlax-ul cu sos de muștar și mărar, felii subțiri de hârtie și bucurați-vă!

54.Salată suedeză de pui

INGREDIENTE:
- 3 căni de pui fiert și rece tăiat cubulețe
- ½ cană maioneză
- ⅓ cană smântână
- 2 până la 3 lingurițe pudră de curry
- Sare si piper dupa gust
- Frunze de salata crocante, spalate si uscate
- 2 ouă fierte tari, decojite și tăiate felii
- 6 măsline umplute, feliate
- 2 linguri Capere, scurse
- 3 linguri muraturi de marar tocate marunt

INSTRUCȚIUNI:
a) Combina puiul cu maioneza, smantana si pudra de curry.
b) Asezonați cu sare și piper. Amesteca bine.
c) Dați la frigider pentru 1 oră sau mai mult pentru a amesteca aromele.
d) Când este gata de servire, aranjați frunzele de salată verde pe un platou.
e) Peste salata verde se pune salata de pui.
f) Decorați cu ouă fierte tari, măsline, capere și murături de mărar tocate.

55.Somon norvegian curat cu ienupăr

INGREDIENTE:
- 2 kg file de somon
- ½ cană boabe de ienupăr
- 2 linguri de sare
- 4 linguri de zahăr
- ¼ cană muștar în stil Dijon
- ½ cană zahăr pudră
- ½ lingură ulei de măsline
- ½ lingură Mărar, tocat mărunt

SOS DE MUSTAR:
- Amestecați muștarul, zahărul, uleiul și mararul împreună.

INSTRUCȚIUNI:
a) Spălați somonul, uscați-l și îndepărtați orice oase.
b) Zdrobiți boabele de ienupăr într-un robot de bucătărie sau blender.
c) Amestecați sarea și zahărul împreună.
d) Frecați amestecul de sare și zahăr pe ambele părți ale somonului. Puneți somonul plat, cu pielea în jos, într-o tigaie.
e) Întindeți boabe de ienupăr zdrobite peste partea superioară a somonului. Acoperiți cu folie și puneți greutăți (cum ar fi mai multe cutii de alimente sau o placă mică cu o conserve sau două) deasupra.
f) Se da la frigider pentru 48 de ore, intorcând somonul de mai multe ori. Păstrați greutatea peste somon.
g) Răzuiți boabele de ienupăr, tăiați somonul în felii subțiri și serviți cu sos de muștar.

Sos de muștar:
h) Amestecați muștarul în stil Dijon, zahărul pudră, uleiul de măsline și mararul tocat mărunt.
i) Bucurați-vă de deliciosul somon norvegian curat cu ienupăr!

56.Friptură în stil suedez

INGREDIENTE:

- 2 kg friptură rotundă dezosată
- Sare si piper
- 1 lingurita buruiana de marar
- 1 ceapă medie, feliată
- 1 cub de bulion de vita, maruntit
- ½ cană apă
- ¼ cană făină
- ¼ cană apă
- 1 cană smântână

INSTRUCȚIUNI:

a) Tăiați friptura în bucăți de mărimea unei porții. Se presară cu sare și piper. Puneți într-o oală cu gătit lent.
b) Adăugați mărar, ceapa, cub de bulion și ½ cană de apă.
c) Acoperiți și gătiți la foc mic timp de 6 până la 8 ore.
d) Scoateți carnea.
e) Se ingroasa sucurile cu faina dizolvata in ¼ cana apa. Rotiți controlul la mare și gătiți timp de 10 minute sau până se îngroașă ușor.
f) Se amestecă smântâna.
g) Opriți căldura.

57.Supă norvegiană de mazăre

INGREDIENTE:
SUPĂ:
- 1 kilogram de mazăre uscată
- 2 litri de apă
- 2 cepe mari, tăiate mărunt
- 3 morcovi mari, tăiați mărunt
- 2 coaste de țelină, tăiate mărunt
- 1 cartof mediu, tăiat mărunt
- Sarat la gust
- Piper, după gust

CHIFTELE:
- 1 kilogram de cârnați de porc
- ½ cană germeni de grâu

GARNITURĂ:
- Pătrunjel tocat

INSTRUCȚIUNI:
SUPĂ:
a) Puneți toate ingredientele (mazăre despicată, apă, ceapă, morcovi, țelină, cartofi, sare și piper) într-o oală de supă și fierbeți încet timp de două ore.
b) Adăugați condimente după gust.

CHIFTELE:
c) Formați cârnații de porc în bile mici.
d) Rulați biluțele de porc în germeni de grâu.
e) Puneți ușor biluțele de porc în supă.
f) Se fierbe încet încă o oră sau până când supa este gata.
g) Se ornează fiecare bol cu pătrunjel tocat.
h) Savurați supa voastră copioasă de mazăre norvegiană!

58.Somon Cu Ceapa La Gratar

INGREDIENTE:

- 2 căni de așchii de lemn de esență tare, înmuiate în apă
- 1 parte mare de somon norvegian de crescătorie (aproximativ 3 lire sterline), oasele de ace îndepărtate
- 3 cesti Smoking Brine, facute cu vodca
- ¾ de cană pentru fumat
- 1 lingură buruiană de mărar uscată
- 1 lingurita praf de ceapa
- 2 cepe roșii mari, tăiate rondele groase de centimetri
- ¾ cană ulei de măsline extravirgin 1 legătură mărar proaspăt
- Coaja rasa fin de la 1 lamaie 1 catel de usturoi, tocata
- Sare grunjoasă și piper negru măcinat

INSTRUCȚIUNI:

a) Puneți somonul într-o pungă jumbo (2 galoane) cu fermoar. Dacă aveți doar saci de 1 galon, tăiați peștele în jumătate și folosiți două pungi. Adăugați saramură în pungi, presă aerul și sigilați. Dați la frigider pentru 3 până la 4 ore.

b) Amestecați toate, cu excepția unei lingure de frecare, cu mărarul uscat și praful de ceapă și lăsați deoparte. Înmuiați feliile de ceapă în apă cu gheață. Încălziți un grătar pentru foc indirect scăzut, aproximativ 225 ¡F, cu fum. Scurgeți așchiile de lemn și adăugați-le pe grătar.

c) Scoateți somonul din saramură și uscați-l cu prosoape de hârtie. Aruncați saramura. Acoperiți peștele cu 1 lingură de ulei și stropiți partea cărnoasă cu frecvența care are mărar uscat în ea.

d) Ridicați ceapa din apa cu gheață și uscați. Se unge cu 1 lingură de ulei și se stropește cu restul de 1 lingură de frecare. Puneți peștele și ceapa deoparte să se odihnească timp de 15 minute.

e) Ungeți grătarul și frecați bine cu ulei. Puneți somonul, cu pulpa în jos, direct pe foc și puneți la grătar timp de 5 minute până când suprafața devine maro aurie. Folosind o spatulă mare de pește sau două spatule obișnuite, întoarceți peștele cu pielea în jos și poziționați-l pe grătar departe de foc. Pune feliile de ceapa direct peste foc.

f) Închideți grătarul și gătiți până când somonul este ferm la exterior, dar nu uscat și rezistent în centru, aproximativ 25 de minute. Când este gata, umezeala va trece prin suprafață atunci când peștele este apăsat ușor. Nu ar trebui să se descuie complet sub presiune.

g) Întoarceți ceapa o dată în timpul fierberii.

LUTURI SI SALATE

59.Salată de carne norvegiană

INGREDIENTE:
- 1 cană fâșii Julienne de carne de vită, vițel sau miel fiartă
- 1 cană fâșii julienne de șuncă coptă sau fiartă
- 1 lingura ceapa tocata
- 6 linguri ulei de salata
- 2 linguri otet de cidru
- ½ lingurita Piper
- 1 lingurita patrunjel tocat
- ¼ cană smântână grea sau smântână
- 1 ou fiert tare, feliat
- 1 Sfeclă fiartă sau murată, feliată

INSTRUCȚIUNI:
a) Se amestecă carnea tăiată cu ceapa tocată.
b) Se bate împreună uleiul, oțetul, piperul și pătrunjelul.
c) Amestecați crema în dressing.
d) Amestecați dressingul cu carnea, combinând ușor.
e) Se ornează cu ou feliat și sfeclă.
f) Serviți această salată de carne norvegiană ca salată principală. Bucurați-vă!

60.Ceapa crocanta daneza

INGREDIENTE:
- 4 cepe mari cu pulpă albă
- ½ cană făină universală, necernută
- 1½ inch ulei de salată

INSTRUCȚIUNI:
a) Curățați și tăiați ceapa subțire. Separați feliile în inele și puneți într-o pungă mare cu făina.
b) Închideți punga și agitați pentru a acoperi inelele.
c) Într-o cratiță adâncă de 3 litri, la foc mare, aduceți uleiul de salată la 300 de grade.
d) Adăugați aproximativ ⅓ din ceapă în ulei și gătiți aproximativ 10 minute sau până când ceapa devine maro aurie. Reglați căldura pentru a menține o temperatură de 275 de grade.
e) Amestecați frecvent ceapa. Cu o lingura cu fanta, se ridica ceapa din ulei si se scurge pe material absorbant. Îndepărtați orice particule care se rumenesc mai repede decât altele pentru a preveni arderea lor.
f) Ceapa ramasa se caleste in ulei, urmand aceeasi procedura.
g) Servește ceapa caldă sau rece. Când este complet rece, păstrați ermetic pentru utilizare ulterioară.
h) Păstrați la frigider până la trei zile sau 1 lună la congelator.
i) Serviți chiar de la frigider sau congelator. Pentru a se reîncălzi, se întinde într-un singur strat într-o tavă mică și se introduce într-un cuptor la 350 de grade pentru 2 sau 3 minute.

61.Roșii la grătar cu brânză feta daneză

INGREDIENTE:
- 3 roșii mari, tăiate în jumătate
- Strop de piper
- ½ cană maioneză
- ½ cană brânză feta daneză, mărunțită fin
- 1 lingura ceapa verde tocata
- ⅛ linguriță de cimbru uscat

INSTRUCȚIUNI:
a) Roșiile se decupează ușor, apoi se stropesc cu piper.
b) Într-un castron, amestecați maioneza, brânza feta daneză, ceapa verde tocată și cimbru uscat.
c) Turnați amestecul Feta în jumătățile de roșii.
d) Se lasa la gratar aproximativ 5 minute sau pana cand blaturile devin maro auriu.

62.Homar norvegian cu salată de cartofi şi smântână

INGREDIENTE:
MAIONEZĂ (RETETA DE BAZĂ):
- 3 gălbenușuri proaspete (mici)
- 1 lingura otet de vin alb
- 1 lingurita suc de lamaie
- 1 linguriță muștar Dijon măcinat fin de bună calitate
- Sare de mare și piper negru proaspăt măcinat
- 150 mililitri ulei de măsline de bună calitate (1/4 halbă)
- 290 mililitri Ulei de salată de bună calitate (ulei de floarea soarelui, dar nu de soia) (1/2 litri)
- 1 praf de zahăr tos

SALATA DE CARTOFI NOSH:
- 450 grame cartofi noi mici (1 lb)
- 6 Ceapă primăvară, tăiată subțire pe diagonală
- 150 de mililitri de maioneză (1/4 halbă) (vezi rețeta de mai sus)
- 4 linguri smantana
- 3 linguri arpagic proaspăt tocat fin
- Sare de mare și piper negru proaspăt măcinat

HOMAR:
- 1 homar (1,5 până la 2,5 lb)
- 180 grame sare de mare (6 oz)
- 1 galon de apă
- 1 ardei iute roșu tocat fin (descărcat și fără semințe)
- 2 catei de usturoi, zdrobiti

INSTRUCȚIUNI:
MAIONEZĂ (RETETA DE BAZĂ):
a) Se amestecă gălbenușurile cu oțet și se lasă 5-10 minute, amestecând o dată sau de două ori.
b) Bateți gălbenușurile cu sare și muștar. Stropiți uleiurile amestecate, încorporându-le bine, bătând tot timpul, până se folosește jumătate din ulei.
c) Adăugați suc de lămâie și continuați să turnați și să amestecați uleiul.
d) Reglați condimentele. Dacă maiaua pare prea subțire sau s-a despicat, bateți un alt gălbenuș într-un castron separat și turnați amestecul inițial treptat, batând bine.

SALATA DE CARTOFI NOSH:

e) Fierbeți cartofii în apă cu sare până se înmoaie, dar cu un mijloc „ceros". Reîmprospătați în apă cu gheață, scurgeți bine și curățați pielea. Tăiați în rondele subțiri.
f) Adăugați ceapa primăvară feliată la maioneză și smântână. Asezonați cu sare și piper negru proaspăt măcinat.
g) Adăugați cartofii tăiați felii, amestecați ușor, dar bine. Adăugați arpagicul și amestecați. Dacă amestecul se simte prea uscat, adăugați mai multă maioneză până când este umed.

HOMAR:
h) Fierbe homarul într-o cratiță mare cu apă clocotită cu sare timp de 10-15 minute până la 1,5 lb și 15-20 minute până la 2,5 lb.
i) Homarul este gătit când apa ajunge la fierbere blând. Tăiați homarul în jumătate.
j) Scoateți stomacul și intestinul, curățați restul și bucurați-vă.
k) Pentru a servi, adăugați ardei iute roșu tocat mărunt și usturoi zdrobit la amestecul de maioneză. Puneți o cârpă în spațiul lăsat de îndepărtarea stomacului.

63. Fasole Suedeză la cuptor

INGREDIENTE:
- ¾ cană ceapă tăiată felii subțiri
- ½ cană morcovi tăiați cubulețe
- 1 lingura de usturoi tocat
- 1 lingura ulei de masline
- ⅓ cană de vin alb
- 3 căni de fasole suedeză a lui Esther gătită
- ⅓ cană melasă întunecată
- 2 linguri sos de soia
- 1 lingură muștar de Dijon
- Sare; la gust
- Piper negru proaspăt măcinat; la gust

INSTRUCȚIUNI:
a) Preîncălziți cuptorul la 350 de grade.
b) Într-o tigaie, căliți ceapa, morcovii și usturoiul în ulei de măsline la foc moderat până se rumenesc ușor.
c) Se amestecă cu ingredientele rămase și se pune într-o caserolă ușor unsă cu unt sau ulei.
d) Coaceți descoperit timp de 35 până la 40 de minute.

64.Mere la cuptor norvegian

INGREDIENTE:
- 2 mere roșii mari pentru copt
- 4 uncii de brânză Gjetost, 1 cană mărunțită
- ⅓ cană nuci pecan tocate
- ¼ cană Stafide
- 2 linguri de zahăr brun
- ½ linguriță scorțișoară
- ⅛ linguriță de nucșoară

INSTRUCȚIUNI:
a) Tăiați merele mari și roșii de copt în jumătate și îndepărtați miezul pentru a crea jumătăți de mere.
b) Într-un vas de 8 inci care se poate folosi la microunde, combinați brânza Gjetost mărunțită, nuci pecan tocate, stafide, zahăr brun, scorțișoară și nucșoară.
c) Puneți porții egale de amestec în și peste fiecare jumătate de măr.
d) Puneți la microunde la putere maximă timp de 5 până la 6 minute, rotind vasul după 3 minute (sau folosiți un platou rotativ).
e) Acoperiți cu folie de plastic și lăsați-l să stea timp de 3 minute.

65.Rulouri de varză daneză

INGREDIENTE:

- 1 varză verde medie
- ½ lingurita Sare
- 2 linguri de margarina
- ½ cană ceapă tocată
- ¾ cană țelină tăiată cubulețe
- 1 morcov, mărunțit grosier
- 1 kilogram de carne de vită macră
- ½ kilogram brânză Havarti feliată
- ¾ cană bere
- ½ cană sos chili
- ½ cană Havarti mărunțit

INSTRUCȚIUNI:

a) Clătiți varza în apă rece și îndepărtați frunzele exterioare.
b) Pune varza într-un ibric mare cu 2 căni de apă clocotită. Acoperiți bine. Aduceți la fierbere și reduceți căldura. Gatiti aproximativ 3 minute.
c) Începeți decojirea frunzelor și aranjați-le pe o tavă mare de copt. Folosiți un cuțit ascuțit pentru a tăia coastele grele, astfel încât frunzele de varză umplute să fie ușor de rulat.
d) Aranjați 8 frunze mari și puneți deasupra frunze mai mici.
e) Într-o tigaie mare, topește margarina. Adăugați ceapa, țelina și morcovul.
f) Adăugați carne de vită și rumeniți. Gatiti descoperit timp de aproximativ 5 minute.
g) Pune o felie de brânză Havarti pe fiecare frunză de varză. Umpleți fiecare cu aproximativ ½ cană de amestec de carne.
h) Îndoiți două părți peste umplutură și rulați. Aranjați rulourile de varză într-o tavă de copt (8½ x 12 inchi) cu cusătura în jos.
i) Se toarnă berea. Acoperiți vasul strâns cu folie.
j) Se coace la 350 de grade timp de 30 de minute.
k) Îndepărtați folia și puneți berea peste varză.
l) Cu lingura sos chili amestecat cu branza maruntita deasupra.
m) Reveniți la cuptor și coaceți fără acoperire încă 5 minute.
n) Bucurați-vă de rulourile de varză daneză!

66.Cole-Slaw suedez cu fenicul

INGREDIENTE:
- 1 fenicul întreg
- 1 morcov
- 1 catel de usturoi
- 2 linguri Merișoare uscate
- 2 linguri otet de vin rosu
- 2 linguri Miere
- 2 linguri ulei vegetal
- Sare si Piper dupa gust

INSTRUCȚIUNI:
a) Tăiați mărunt feniculul.
b) Rade morcovii.
c) Răziți cățelul de usturoi.
d) Într-un castron mediu, amestecați feniculul, morcovul, merisoarele și usturoiul.
e) Într-un castron separat, pregătiți dressingul amestecând oțet de vin roșu, miere, ulei vegetal, sare și piper.
f) Adăugați dressing-ul la amestecul de slaw, ajustând după gust.
g) Lăsați-l să stea cel puțin 4 ore pentru a permite aromelor să se topească și pentru ca feniculul să fie marinat.

67.Rutabagas suedez

INGREDIENTE:
- 2 Rutabagas medii, decojite, tăiate în sferturi și feliate de 1/4 inch grosime
- 2 linguri zahăr brun
- ½ linguriță de ghimbir măcinat
- ½ lingurita Sare
- ⅛ linguriță de piper
- 2 linguri de unt

INSTRUCȚIUNI:
a) Gatiti rutabagas in apa clocotita cu sare; scurgere.
b) Într-un castron, combina zahărul brun, ghimbirul, sarea și piperul. Amestecați bine.
c) Adăugați amestecul de zahăr și condimente împreună cu unt la rutabagas.
d) Se amestecă ușor la foc mic până când zahărul se topește, aproximativ 2 până la 3 minute.

68.Salată daneză de castraveți

INGREDIENTE:
- 3 castraveți mari, decojiți
- Sare
- ⅔ cană oțet alb
- ½ cană apă
- ½ cană de zahăr
- ½ lingurita Sare
- ¼ lingurita piper alb
- 2 linguri Frunza de marar proaspata, tocata sau
- 1 lingură Mărar uscat
- Roșii cherry roșii/galbene (pentru garnitură)

INSTRUCȚIUNI:

a) Tăiați castraveții felii foarte subțiri. Aranjați-le în straturi într-un bol non-aluminiu, stropind fiecare strat cu sare.

b) Puneți o farfurie deasupra castraveților și o greutate mare peste vas. Lăsați-le să rămână la temperatura camerei câteva ore sau peste noapte la frigider.

c) Scurgeți bine castraveții. Se usucă pe prosoape de hârtie. Întoarce-te într-un castron.

d) Într-o tigaie mică, încălziți până la fiert oțetul, apa, zahărul, sare și piper.

e) Reduceți focul și fierbeți timp de 3 minute, amestecând până se dizolvă zahărul.

f) Se toarnă amestecul fierbinte peste castraveți.

g) Se presară mărar tocat. Răciți timp de 3 până la 4 ore.

h) Scurgeți castraveții și serviți într-un bol de sticlă, înconjurat de roșii cherry.

69. Cartofi norvegieni cu patrunjel

INGREDIENTE:

- 2 kg Cartofi noi roșii mici
- ½ cană de unt sau margarină
- ¼ cană pătrunjel proaspăt, tocat
- ¼ linguriță maghiran uscat

INSTRUCȚIUNI:

a) Fierbeți cartofii în apă clocotită cu sare timp de 15 minute sau până când se înmoaie.
b) Răciți puțin cartofii. Cu un cuțit ascuțit, îndepărtați o fâșie îngustă de coajă în jurul mijlocului fiecărui cartof.
c) Într-o tigaie mare, topește untul. Se adauga patrunjel si maghiran.
d) Adăugați cartofii și amestecați ușor până când sunt acoperiți și încălziți.

SUPE DE FRUCTE

70.Supă daneză de mere

INGREDIENTE:
- 2 mere mari, fără miez, tăiate
- 2 căni de apă
- 1 baton de scortisoara
- 3 cuişoare întregi
- ⅛ linguriță de sare
- ½ cană de zahăr
- 1 lingura amidon de porumb
- 1 cană prune proaspete, nedecojite și tăiate felii
- 1 cană piersici proaspete, decojite și tăiate
- ¼ cană vin de Porto

INSTRUCȚIUNI:
a) Combinați merele, apa, batonul de scorțișoară, cuișoarele și sarea într-o cratiță medie-mare.
b) Se amestecă zahărul și amidonul de porumb și se adaugă la amestecul de mere pasat.
c) Adăugați prunele și piersicile și fierbeți până când aceste fructe sunt fragede și amestecul s-a îngroșat ușor.
d) Adăugați vinul de porto.
e) Acoperiți porțiile individuale cu o bucată de smântână ușoară sau iaurt fără grăsime de vanilie.

71.Supă norvegiană de afine

INGREDIENTE:
- 1 Plic gelatină fără aromă
- ¼ cană apă rece
- 4 căni de suc proaspăt de portocale
- 3 linguri suc proaspăt de lămâie
- ¼ cană de zahăr
- 2 căni de afine proaspete, spălate
- Menta proaspata, pentru decor

INSTRUCȚIUNI:
a) Se inmoaie gelatina in apa rece intr-o cana cu crema. Se pune intr-o cratita cu apa fierbinte (nu clocotita) pana se topeste si este gata de utilizare.
b) Combinați sucul de portocale, sucul de lămâie și zahărul cu gelatina topită. Se amestecă până se dizolvă zahărul și gelatina.
c) Răciți până când amestecul începe să se îngroașe.
d) Îndoiți afinele în amestec.
e) Se da la rece pană când este gata de servire.
f) Se pune în cupe de bulion răcite și se ornează cu mentă proaspătă.
g) Bucurați-vă de Supa Norvegiană de Afine răcoritoare!

72.Supă daneză de mere cu fructe și vin

INGREDIENTE:
- 2 mere mari, fără miez, tăiate și tăiate cubulețe mari
- 2 căni de apă
- 1 baton de scortisoara (2 inchi)
- 3 cuișoare întregi
- 1/8 lingurita Sare
- ½ cană de zahăr
- 1 lingura amidon de porumb
- 1 cană de prune proaspete, nedecojite și tăiate în optimi
- 1 cană piersici proaspete, decojite și tăiate cubulețe mari
- ¼ cană vin de Porto

INSTRUCȚIUNI:
a) Combinați merele, apa, batonul de scorțișoară, cuișoarele și sarea într-o cratiță medie-mare.
b) Acoperiți și gătiți la foc mediu până când merele sunt fragede.
c) Scoateți condimentele întregi și faceți piure forțând amestecul fierbinte printr-o strecurătoare grosieră.
d) Se amestecă zahărul și amidonul de porumb și se adaugă la amestecul de mere.
e) Adăugați prunele și piersicile și fierbeți până când aceste fructe sunt fragede și amestecul s-a îngroșat ușor. Acest lucru va dura foarte puțin.
f) Adaugati vinul de porto si gustati de dulceata, adaugand mai mult zahar daca este necesar. Amintiți-vă, totuși, aroma acestei supe de mere ar trebui să fie tartă.
g) Răciți-vă bine.
h) Acoperiți porțiile individuale cu o bucată de smântână ușoară sau iaurt fără grăsime de vanilie.
i) Pudrați ușor smântâna sau iaurtul cu puțină nucșoară.

73.Supă dulce daneză

INGREDIENTE:
- 1 litru de suc de fructe roșii
- ½ cană Stafide, aurii
- ½ cană coacăze
- ½ cană Prune; sau prune, fără sâmburi și tocate
- ½ cană de zahăr
- 3 linguri Tapioca, Minute
- 2 felii de lamaie
- Baton mic de scortisoara

INSTRUCȚIUNI:
a) Amestecați sucul de fructe, stafide, coacăze, prune uscate și zahăr.
b) Fierbeti cateva minute si apoi adaugati cateva felii de lamaie si un baton mic de scortisoara.
c) Adăugați tapioca.
d) Continuați să gătiți până când tapioca s-a fiert limpede, amestecând pentru a nu se lipi tapioca.
e) Puneti in vase si serviti cu frisca sau Cool Whip.

74. Supă norvegiană de fructe (Sotsuppe)

INGREDIENTE:
- 1 cană prune uscate fără sâmburi
- ¾ cană Stafide
- ¾ cană caise uscate
- Apă rece
- ¼ cană tapioca rapidă, nefiertă
- 2 căni de apă
- 2 linguri suc de lamaie
- 1 cană suc de struguri
- 1 lingurita otet
- ½ cană de zahăr
- 1 baton de scortisoara

INSTRUCȚIUNI:

a) Combinați prunele uscate, stafidele și caisele într-o cratiță de 3 litri. Adăugați suficientă apă pentru a acoperi, aproximativ 3 căni. Aduceți la fierbere și fierbeți ușor timp de 30 de minute.

b) Într-o cratiță mică, aduceți 2 căni de apă la fiert. Se amestecă tapioca și se fierbe timp de 10 minute.

c) Odată ce fructele s-au înmuiat, adăugați tapioca fiartă, sucul de lămâie, sucul de struguri, oțetul, zahărul și batonul de scorțișoară. Aduceți la fierbere, apoi fierbeți încă 15 minute. Scoateți batonul de scorțișoară. Amestecul se va îngroșa pe măsură ce se răcește; mai adaugati putina apa sau suc de struguri daca vi se pare prea gros.

d) Serviți cald sau rece. Daca se serveste rece, se poate orna cu frisca.

DESERT

75. Fructe suedeze în lichior

INGREDIENTE:
- 1-halba Afine, decojite
- 1-halba Zmeură, decojită
- 1-halba Căpșuni, decojite
- 1-halba coacăz roșu
- 1 cană zahăr granulat
- ⅔ cană Coniac
- ⅔ cană Rom ușor
- Frisca pentru garnitura

INSTRUCȚIUNI:
a) Puneți fructele de pădure și coacăzele roșii într-un bol de sticlă.
b) Adăugați zahăr, coniac și rom, amestecând din când în când.
c) Se pune la macerat peste noapte la frigider.

76.Tarte konungens cu desert suedez de ciocolata

INGREDIENTE:
- 2¼ cană Cea mai bună făină universală de la Pillsbury
- ½ cană Zahăr
- ⅓ cană Cacao
- ½ lingurita Praf de copt cu dublă acțiune
- ½ lingurita Sare
- ¾ cană Unt
- 1 Ou; ușor bătută
- 1 lingura Lapte -Umplutura
- 1 Ou
- ¼ cană Zahăr
- ¼ cană Cea mai bună făină universală de la Pillsbury
- 1 cană Lapte
- 1 lingurita Vanilie frantuzeasca
- ½ cană Frisca pentru frisca -Pentru umplutura de ciocolata---
- 3 linguri Cacao
- 3 linguri Zahar - Glazura de ciocolata ---
- 2 linguri Unt; topit
- 2 linguri Cacao
- ½ cană Zahărul de cofetarie
- 1 Gălbenuș de ou
- ¼ lingurita Vanilie frantuzeasca

INSTRUCȚIUNI:
a) Se coace la 375 de grade timp de 12 până la 15 minute.
b) Cerne împreună făina, zahărul, cacao, praful de copt și sarea.
c) Tăiați în unt până când particulele sunt de mărimea unei mazăre mici.
d) Adăugați 1 ou ușor bătut și 1 la linguri de lapte; se amestecă cu o furculiță sau cu un blender de patiserie.
e) Puneți pe o tavă mare neunsă.
f) Se întinde pe o foaie de copt cu un sucitor cu făină până la un dreptunghi de 15 x 11 inci.
g) Tăiați marginile cu un cuțit sau roată de patiserie. Tăiați în trei dreptunghiuri de 11 x 5 inci.
h) Coaceți la cuptorul moderat, la 375 de grade, timp de 12 până la 15 minute.
i) Se răcește pe tava de copt. Slăbiți cu grijă cu o spatulă.

j) Stivuiți straturi deasupra cartonului acoperit cu folie de aluminiu, răspândind umplutura între straturi până la ¼ inch de margine.
k) Top de înghet. dacă se dorește, se decorează cu migdale tăiate prăjite. Răciți până când glazura s-a întărit.
l) Înfășurați lejer în folie de aluminiu; se răcește peste noapte.

UMPLERE:
m) Bateți 1 ou până devine ușor și pufos.
n) Adăugați treptat zahărul, bătând constant până se densează și ușor. Se amestecă cu făina.
o) Adăugați treptat laptele care a fost opărit deasupra unui cazan.
p) Reveniți amestecul în boiler. Gatiti peste apa clocotita, amestecand continuu, pana se denseaza si omogenizat. Adăugați vanilie; misto.
q) Bateți ½ cană de smântână pentru frișcă până se îngroașă și amestecați în umplutură.
r) Combinați ½ cană de smântână, cacao și zahăr. Bate până se densează.

Glazura de ciocolata:
s) Combinați untul topit, cacao, zahărul de cofetă, gălbenușul de ou și vanilia. Bate până se omogenizează.

77.Plăcintă cu brânză albastră daneză

INGREDIENTE:
CRUSTĂ
- 11 uncii Pâine Pumpernickel (1 pâine)
- ½ cană unt (fără margarină)

PLACINTA CU BRANZA:
- 2 plicuri Gelatina fara aroma
- ½ cană apă rece
- 4 uncii de brânză cremă
- ¼ cană de zahăr granulat
- 4 uncii de brânză albastră daneză
- 1 cană smântână grea
- 1 kilogram de struguri verzi fără semințe

INSTRUCȚIUNI:
CRUSTĂ
a) Preîncălziți cuptorul la 250 de grade F.
b) Uscați feliile de pâine în cuptor până când sunt suficient de tari pentru a se sfărâma ușor (aproximativ 20 până la 25 de minute).
c) Topeste untul.
d) Zdrobiți pâinea, făcând aproximativ 1½ cană de firimituri.
e) Adăugați untul topit și zahărul, amestecați bine.
f) Presă firimiturile într-o formă de plăcintă de 9 inci.
g) Ridicați temperatura cuptorului la 350 de grade F. și coaceți crusta timp de 15 minute.
h) Se lasă să se răcească înainte de a umple.

PLACINTA CU BRANZA:
i) Într-o cratiță de mărime medie, combinați gelatina cu apă și gătiți la foc mediu-mare, amestecând constant, până când amestecul este limpede (aproximativ 6 până la 8 minute). Misto.
j) Într-un castron mare, bateți crema de brânză până când se omogenizează și se omogenizează.
k) Se zdrobește bine brânza albastră și se combină cu crema de brânză.
l) Se toarnă amestecul de gelatină răcit în vasul cu brânză și se amestecă bine.
m) Bateți smântâna până se întărește și amestecați-o în amestecul de brânză.
n) Turnați umplutura ușor în crusta pregătită.
o) Apăsați strugurii în poziție verticală în plăcintă, lăsând vârfurile la vedere.
p) Răciți plăcinta câteva ore sau până când se fixează.

78. Budincă norvegiană de migdale

INGREDIENTE:
- ¼ cană amidon de porumb
- 1 cană de lapte
- 2 ouă, separate
- 1 cană smântână grea
- ½ cană de zahăr
- ¼ cană migdale, măcinate fin
- 1 lingura rom

INSTRUCȚIUNI:
a) Bate albusurile spuma pana se taie; pus deoparte.
b) Amestecați amidonul de porumb cu ¼ de cană de lapte până la o pastă netedă. Se bate gălbenușurile de ou.
c) Într-o cratiță, combinați laptele rămas, smântâna groasă, zahărul și migdalele măcinate fin. Se aduce la fierbere.
d) Reduceți focul și amestecați amestecul de amidon de porumb. Gatiti 5 minute la foc mic, amestecand continuu.
e) Se ia de pe foc si se amesteca cu rom.
f) Încorporați albușurile spumă bătute tare.
g) Se toarnă amestecul într-un vas de servire și se răcește.
h) Serviți cu un sos de fructe cald.
i) Bucurați-vă de delicioasa budincă norvegiană de migdale!

79.Tort cu pandișpan suedez

INGREDIENTE:
- 4 ouă; separat
- ½ lingurita Sare
- 4 linguri apă rece
- 1 cană făină de prăjitură; sau 3/4 c făină universală plus 1/4 c amidon de porumb
- 1 lingurita extract de lamaie
- 1 cană de zahăr; cernută

INSTRUCȚIUNI:
a) Bate gălbenușurile cu apă rece până când se îngroașă și galben pal.
b) Adăugați extract de lămâie în amestecul de gălbenușuri de ou.
c) Adăugați treptat zahărul cernut și sare în gălbenușurile de ou și bateți bine.
d) Cerneți făina de tort de 4 ori și amestecați-o în amestecul de gălbenușuri.
e) Batem 4 albusuri pana formeaza varfuri, DAR NU USCAT. Îndoiți cu grijă amestecul de gălbenușuri.
f) Se toarnă într-o tavă tub sau într-o tavă mare plată de 9 x 13 inci, ungând NUMAI fundul.
g) Coaceți la cuptor la 325 de grade timp de 45 de minute.
h) Întoarceți tava tubului până când prăjitura se răcește.

80. Rulouri vegane cu scorțișoară suedeză (Kanelbullar)

INGREDIENTE:
ALUAT
- 1 cană lapte de migdale neîndulcit, ușor cald (100°-110°F)
- ¼ cană unt vegan, topit
- 2 linguri zahăr organic
- 1 linguriță drojdie uscată instant ½ linguriță sare kosher
- 2¾ cani de făină universală, împărțită

UMPLERE
- 6 linguri de unt vegan, temperatura camerei
- 6 linguri zahăr brun închis organic
- 1 lingura scortisoara macinata

SPĂLARE OUĂ
- 2 linguri lapte de migdale neindulcit
- 1 lingurita nectar de agave

GLAZURĂ
- 2 linguri lapte de migdale neindulcit ½ cana zahar pudra
- ¼ de linguriță extract de vanilie zahăr perlat suedez, pentru stropire

INSTRUCȚIUNI:
a) Amestecați laptele de migdale, untul topit și zahărul din ingredientele pentru aluat într-un castron mare.
b) Presărați drojdia în amestecul de lapte și lăsați-o să înflorească timp de 5 minute.
c) Adăugați sare cușer și 2¼ căni de făină în amestecul de lapte și drojdie, apoi amestecați până se combină bine.
d) Acoperiți vasul cu un prosop sau folie de plastic și lăsați-l într-un loc cald să crească timp de 1 oră sau până când își dublează volumul.
e) Descoperiți și frământați ½ cană de făină universală în aluatul crescut. Continuați să frământați până când își pierde pur și simplu lipiciitatea. Poate fi necesar să adăugați făină suplimentară.
f) Întindeți aluatul într-un dreptunghi mare, gros de aproximativ ½ inch. Fixați colțurile pentru a vă asigura că sunt ascuțite și uniforme.
g) Peste aluat se întinde untul vegan înmuiat din ingredientele de umplutură și se stropește uniform cu zahăr brun și scorțișoară.
h) Rulați aluatul, formând un buștean și strângeți cusătura. Așezați cu cusătura în jos. Decupați orice denivelare de la fiecare capăt.
i) Tăiați bușteanul în jumătate, apoi împărțiți fiecare jumătate în 8 bucăți de dimensiuni egale, de aproximativ 1 ½ inch grosime fiecare.

j) Tapetați tava cu mâncare cu hârtie de copt, apoi puneți rulourile de scorțișoară pe tavă.
k) Acoperiți cu folie de plastic și puneți-l într-un loc cald să crească timp de 30 de minute.
l) Selectați funcția de preîncălzire a cuptorului cu prăjitor de prăjitor, reglați temperatura la 375°F și apăsați Start/Pauză.
m) Amestecați ingredientele de spălare cu ouă și ungeți ușor spălarea pe vârfurile rulourilor cu scorțișoară.
n) Introduceți tava alimentară cu rulourile de scorțișoară în poziția mijlocie în cuptorul preîncălzit.
o) Selectați funcția Coacere, reglați timpul la 18 minute și apăsați Start/Pauză.
p) Eliminați când ați terminat.
q) Amestecați laptele de migdale, zahărul pudră și extractul de vanilie din ingredientele de glazură pentru a face glazura, ungeți-o peste rulourile cu scorțișoară, apoi stropiți rulourile cu zahăr perlat suedez.
r) Se răcește înainte de servire sau mănâncă cald.

81.Tort Suedez Puff Cafea

INGREDIENTE:
- 1 cană de făină universală
- 1/2 cană unt rece, tăiat cubulețe
- 2 linguri de apă cu gheață

TOPING:
- 1 cană apă
- 1/2 cană unt
- 1 lingurita extract de migdale
- 1 cană de făină universală
- 3 ouă mari

GLAZURĂ:
- 1 cană zahăr cofetar
- 2 linguri de unt, inmuiat
- 1 lingura lapte 2%.
- 1 lingurita extract de migdale
- 1 cană nucă de cocos măruntită îndulcită

INSTRUCȚIUNI:

a) Preîncălziți cuptorul la 375 °.

b) Într-un castron mic, puneți făină; se taie in unt pana se sfaramiciaza. Adăugați încet apă cu gheață, amestecând cu o furculiță până când aluatul se ține împreună când îl apăsați. Presă aluatul în 10 inchi. cerc pe foaia de copt neunsă.

c) Topping: Se încălzește untul și apa la fierbere într-o cratiță mare. Luați de pe căldură; se amestecă în extract. Deodată, adăugați făină; bate pana se omogenizeaza. Gătiți la foc mediu până când amestecul formează o minge și se desprinde de părțile tigaii, amestecând energic. Luați de pe căldură; se lasa sa stea 5 minute.

d) Pe rând, adăugați ouăle; bate bine dupa fiecare pana se omogenizeaza. Bateți până devine strălucitor și neted; întins pe patiserie.

e) Coaceți până se rumenesc ușor timp de 30-35 de minute; în ultimele 5 minute, acoperiți ușor cu folie dacă este necesar pentru a evita rumenirea excesivă. Transferați din tigaie pe grătar; se lasa sa se raceasca complet.

f) Glazură: Bateți extractul, laptele, untul și zahărul de cofetă până se omogenizează într-un castron mic. Se intinde deasupra; se presara folosind nuca de cocos.

82.Cremă suedeză cu brânză

INGREDIENTE:
- 2 cani de lapte
- 2 oua, bine batute
- Sarat la gust
- Strop de paprika
- 1 cană brânză, rasă

INSTRUCȚIUNI:
a) Amestecați laptele și ouăle bine bătute.
b) Adăugați sare, boia de ardei și brânza rasă. Amestecați bine.
c) Se toarnă amestecul într-o formă bine unsă cu ulei.
d) Se acopera cu hartie si se pune intr-o cratita cu apa fierbinte.
e) Coaceți într-un cuptor la 350°F până se fixează.
f) Răciți, desfaceți și serviți peste salată verde cu dressingul dorit.

83.Cremă suedeză cu fructe de pădure

INGREDIENTE:
- 1 Plic gelatină fără aromă
- ¼ cană apă rece
- 2⅓ cani de frisca pentru frisca
- 1 cutie de căpșuni congelate sau 2 cutii (mici) de căpșuni proaspete
- 1 cană de zahăr
- 1 galță de smântână
- 1 lingurita extract de vanilie

INSTRUCȚIUNI:
a) Se dizolva gelatina in apa, se lasa 5 minute sa se inmoaie.
b) Pune smântâna într-o cratiță; adauga zahar si gelatina. Se încălzește ușor până la o consistență cremoasă, amestecând ușor.
c) Se ia de pe foc și se răceste până se îngroașă. Puneți la frigider pentru 30 până la 60 de minute pentru a grăbi îngroșarea.
d) Când s-a îngroșat parțial, adăugați smântâna și vanilia.
e) Se toarnă în pahare cu șerbet, lăsând loc fructelor de pădure. Răciți timp de 8 ore.
f) Scoateți din frigider, puneți fructele de pădure peste crema suedeză. Sucul din fructe de padure adauga savoare.

84. Conuri daneze

INGREDIENTE:
- ½ cană de unt
- ½ cană de zahăr
- 5 albusuri
- 1 cană de făină

INSTRUCȚIUNI:
a) Crema untul, apoi adauga zaharul si amesteca bine.
b) Adaugati faina cernuta si adaugati albusurile batute spuma tare.
c) Întindeți aluatul într-o tavă unsă cu unt și coaceți la cuptorul moderat până când se rumenește foarte deschis.
d) Cât este încă cald, tăiați în pătrate și formați Krammerhus sau conuri.
e) Chiar înainte de servire, umpleți cu frișcă ușor îndulcită și aromată.

85.Budincă de Crăciun norvegiană

INGREDIENTE:
- 1 kilogram de unt
- 2 căni de apă
- 6 linguri Faina
- 1¼ cani de faina
- 6 căni de lapte
- ½ lingurita Sare
- 1 ou bătut
- 2 lingurite de zahar
- Scorțișoară

INSTRUCȚIUNI:
a) Topiți untul și apa împreună, aduceți la fiert timp de 5 minute.
b) Adăugați 6 linguri de făină și amestecați cu un tel. Lăsați-l să stea câteva minute și îndepărtați grăsimea care iese (aceasta va fi folosită mai târziu).
c) Adăugați 1¼ cană de făină și amestecați din nou.
d) Adăugați laptele care a fost încălzit. Folosiți un mixer electric pentru a preveni formarea de cocoloașe. În timp ce bateți, adăugați sare, oul bătut și zahărul.
e) Pune amestecul într-o oală pentru a se menține cald, turnând grăsimea degresată peste budincă. Adăugați zahăr și scorțișoară după gust.
f) Bucurați-vă de budinca de Crăciun norvegiană!

86.Pavlova suedeză Lingonberry

INGREDIENTE:
- 6 albusuri
- 1 1/2 cană de zahăr granulat
- 1 lingura amidon de porumb
- 1 lingurita otet alb
- 1 cana frisca
- 1/2 cană dulceață de lingonberry
- Lingonberries proaspete pentru garnitură

INSTRUCȚIUNI:
a) Preîncălziți cuptorul la 300°F (150°C). Tapetați o foaie de copt cu hârtie de copt.
b) Într-un castron mare, bate albușurile spumă până se formează vârfuri moi.
c) Adăugați treptat zahărul, câte o lingură, continuând să bateți albușurile spumă până se formează vârfuri tari.
d) Încorporați ușor amidonul de porumb și oțetul alb.
e) Turnați amestecul de bezea pe foaia de copt pregătită, modelând-o într-o bază rotundă de pavlova, cu marginile ușor ridicate.

Coaceți timp de 1 oră sau până când pavlova este crocantă la exterior și ușor moale la interior. Opriți cuptorul și lăsați pavlova să se răcească complet în cuptor.

Odată ce pavlova s-a răcit, transferați-o cu grijă pe o farfurie de servire. Umpleți centrul cu frișcă și acoperiți cu dulceață de lingonberry.

Se ornează cu lingonberries proaspete și se servește.

87.Tort Suedez de Ciocolata

INGREDIENTE:
- 1 cană de scurtare
- 1½ cană de zahăr
- 3 ouă
- 2 uncii de ciocolată pentru copt (neîndulcită), topită
- 2 cani de faina de tort
- 2 linguriţe Praf de copt
- 1 lingurita Sare
- ¼ linguriţă de bicarbonat de sodiu
- 1 cană smântână, grea
- 2 lingurite extract de vanilie

INSTRUCŢIUNI:

a) Preîncălziţi cuptorul la 325 de grade F. Ungeţi o tavă Bundt şi stropiţi cu aproximativ 2 linguri de pesmet uscat, asigurându-vă că este bine acoperită.
b) Într-un castron mare, cremă împreună zahărul şi scurtarea.
c) Amestecaţi ouăle, pe rând, batând bine după fiecare adăugare.
d) Se amestecă ciocolata topită.
e) Cerneţi împreună făina de tort, praful de copt, sarea şi bicarbonatul de sodiu.
f) Combinaţi smântâna groasă şi extractul de vanilie.
g) Adăugaţi amestecul de smântână şi ingredientele uscate cernute la amestecul de ciocolată alternativ, începând şi terminând cu ingredientele uscate.
h) Turnaţi aluatul în tava pregătită.
i) Coaceţi 50-60 de minute sau până când o scobitoare introdusă în centru iese curată.
j) Răciţi prăjitura în tavă câteva minute înainte de a o scoate.

88.Tort norvegian de cafea „Kringlas"

INGREDIENTE:

- ½ cană de margarină
- 1 cană de zahăr
- 1 lingurita de vanilie
- 1 ou
- 1 cană de zară
- 1 lingurita de bicarbonat de sodiu
- 3 căni de făină
- 2½ lingurițe Praf de copt
- 1 lingurita Sare

INSTRUCȚIUNI:

a) Se amestecă vanilia și oul până se omogenizează bine. Adăugați lapte de unt și sifon (sau 7 în sus) și cerneți ingredientele uscate în acest amestec.

b) Adăugați restul ingredientelor, amestecați bine. Pune recipientul la frigider și răcește peste noapte.

c) Scoateți aluatul răcit și rulați bucăți mici în fâșii lungi. Formează-le într-o formă de opt (ca un covrig). Pune-le la frigider pentru aproximativ o oră, permițându-le să se ridice la înălțimea dorită.

d) Preîncălziți cuptorul la 450 de grade Fahrenheit. Coaceți kringlas în cuptorul preîncălzit pentru aproximativ 6 până la 8 minute. Urmăriți-le, deoarece timpul de coacere poate varia în funcție de condițiile meteorologice. Ar trebui să fie de un maro deschis înainte de a le scoate din cuptor.

e) Refrigerarea este un pas cheie în fabricarea „Kringla". Deși le puteți coace fără refrigerare, aroma este îmbunătățită atunci când sunt răcite. Bucurați-vă de prăjitura cu cafea norvegiană de casă „Kringlas"!

89. Tort danez cu mere și prune

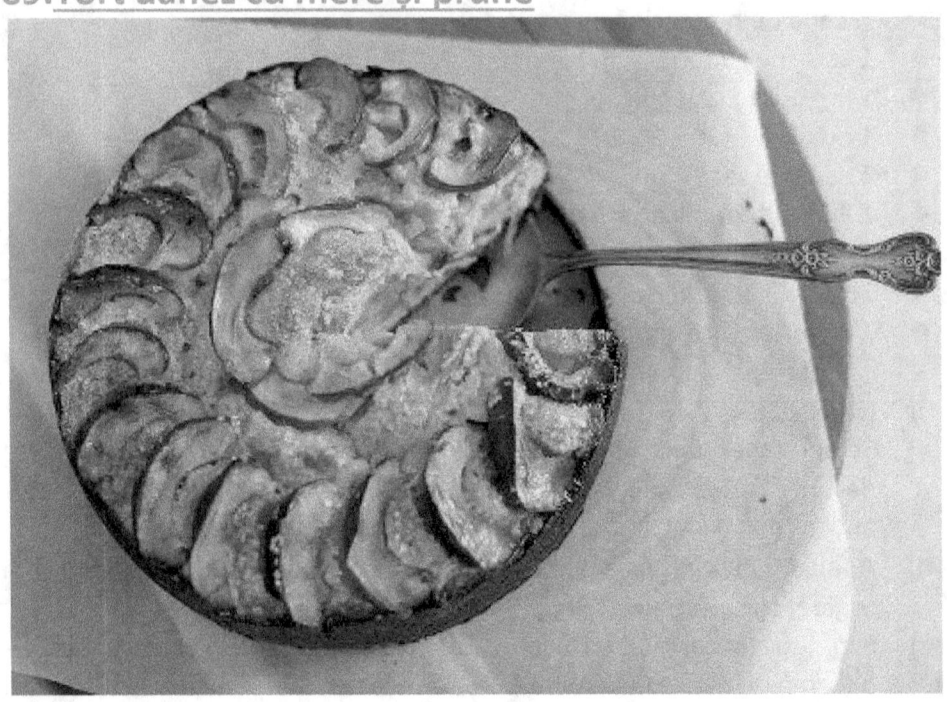

INGREDIENTE:
- 5 uncii de unt
- 7 uncii de zahăr tos
- 2 ouă, bine bătute
- 3 uncii de făină auto-crescătoare
- 4 uncii migdale măcinate
- 4 uncii de lapte
- 1 lingurita de vanilie
- 1 lingură apă clocotită
- ½ linguriță Praf de copt
- 8 Prune uscate, tocate
- 4 uncii de nuci decojite, tocate fin si amestecate cu 2 linguri de zahar
- 2 mere verzi, fără miez și feliate
- 3 linguri de zahăr
- Scorțișoară măcinată
- Unt

INSTRUCȚIUNI:
a) Cremă toate ingredientele pentru aluat într-un robot de bucătărie, rulând-o timp de 10 secunde.
b) Treceți o spatulă în jurul bolului și procesați încă 5 secunde.
c) Turnați aluatul într-o tavă rotundă de 10 inci, bine unsă cu unt.
d) Pune prunele pe aluat.
e) Se pune peste amestecul de nucă și zahăr.
f) Aranjați feliile de mere deasupra nucilor.
g) Coaceți într-un cuptor preîncălzit la 375 de grade timp de 45 de minute.
h) Stropiți suprafața cu zahăr și scorțișoară.
i) Ungeți cu unt și coaceți încă 20 până la 25 de minute sau până când o frigărui iese curată.
j) Bucurați-vă de prăjitura daneză cu mere și prune!

90. Desert cu rubarbă norvegiană

INGREDIENTE:
- 1½ kilograme de rubarbă
- 1½ cani de apa
- ¾ cană de zahăr
- ½ lingurita de vanilie
- 3 linguri amidon de porumb
- 1 cană smântână grea
- ¼ cană de zahăr
- 1 lingurita de vanilie

INSTRUCȚIUNI:
a) Spălați rubarba, tăiați-o și tăiați-le în felii de ½ inch.
b) Se amestecă rubarba cu apa și zahărul, apoi se fierbe până când se înmoaie.
c) Se amestecă vanilia.
d) Amestecați amidonul de porumb cu puțină apă rece pentru a obține o pastă netedă.
e) Amestecând constant, adăugați pasta de amidon de porumb la rubarbă și gătiți timp de 5 minute sau până când este groasă și limpede.
f) Turnați amestecul într-un vas de sticlă de servire.
g) Bateți smântâna groasă până devine spumoasă.
h) Adăugați zahărul și vanilia la frișcă și continuați să bateți până se întărește.
i) Treceți frișca într-un tub de patiserie, în vârtejuri decorative, deasupra compotului de rubarbă.
j) Alternativ, acoperiți blatul cu linguri de frișcă.
k) Dacă preferați să serviți fără frișcă, o puteți servi și cu puțin lapte turnat pe fiecare porție.

91.Tosca suedeză

INGREDIENTE:
TORT:
- ½ cană apă clocotită
- ¼ cană de ovăz
- ½ cană zahăr brun ambalat ferm
- ½ cană de zahăr
- 3 linguri margarina usoara
- ½ linguriță extract de migdale sau nucă de cocos
- 1 cană făină universală
- ¼ cană înlocuitor de ou (sau 1 ou)
- 1 lingurita Praf de copt
- ¼ lingurita Sare
- ¼ cană de ovăz

TOPING:
- ¼ cană zahăr brun ambalat ferm
- 1 lingura Faina
- 2 linguri margarina usoara
- ¼ cană nucă de cocos
- 2 linguri nuci tocate (optional)
- 2 linguri lapte degresat
- ¼ lingurita de vanilie

INSTRUCȚIUNI:

a) Încinge cuptorul la 350°F. Pulverizați o tigaie pătrată de 8 inchi cu spray antiaderent pentru gătit. Puneți deoparte.

b) Într-un castron mic, combinați ¼ de cană de ovăz și apă clocotită. Se lasa sa stea 5 minute.

c) Într-un castron mare, combina zahărul, ½ cană de zahăr brun, 3 linguri de margarină, extract de migdale sau nucă de cocos și ou sau înlocuitor de ou. Bate bine. Adăugați amestecul de ovăz și bateți încă 2 minute la viteză medie.

d) Puneti usor faina intr-o cana de masura; nivelați. Adăugați 1 cană de făină, praf de copt și sare. Bateți încă 2 minute.

e) Turnați aluatul în vasul de copt pregătit. Coaceți la 350 ° F timp de 25-30 de minute sau până când o scobitoare iese curată.

f) Între timp, într-un castron mic, combinați ¼ de cană de ovăz, ¼ de cană de zahăr brun și 1 lingură de făină. Amesteca bine. Tăiați în 2 linguri

de margarină până se sfărâmiciază. Adăugați nuca de cocos și nucile dacă folosiți.
g) Adăugați laptele și vanilia la amestecul de topping și amestecați bine.
h) Întindeți toppingul peste prăjitura fierbinte. Se fierb la 5-7 inci de foc timp de 2-3 minute, avand grija sa nu se arda prajitura. Se prăjește până devine clocotită și aurie.
i) Se răcește ușor pe un grătar și se servește cald.

92.Norvegiana Riskrem

INGREDIENTE:
- ¾ cană orez
- 1 lingurita Sare
- 4 cani de lapte
- ½ cană de zahăr
- ½ linguriță extract de migdale
- 1 galță de smântână groasă, bătută și îndulcită după gust
- ½ ceasca de migdale, tocate
- 1 migdale, întregi

INSTRUCȚIUNI:
a) Gătiți orezul și sarea în lapte într-un boiler până când orezul este moale și amestecul este gros, aproximativ 1 oră și jumătate.
b) Adăugați zahăr și extract de migdale. Chill.
c) Se adauga migdalele tocate si o migdale intreaga.
d) Se amestecă frișca.
e) Serviți cu sos de fructe roșii (zmeură, căpșuni sau lingonberry).

93.fondue daneză

INGREDIENTE:
- 6 uncii slănină mijlocie slabă, coaja îndepărtată și tocată mărunt
- 1 ceapa mica, tocata marunt
- 3 lingurite de unt
- 3 lingurițe de făină simplă
- 8 uncii lichide Lager
- 8 uncii brânză Havarti rasă
- 8 uncii brânză Samso rasă
- corniși mici și acrișori și bucăți de pâine ușoară de secară, de servit

INSTRUCȚIUNI:
a) Puneți slănină, ceapa și untul într-o cratiță și gătiți până când slănina devine aurie și ceapa este moale.
b) Se amestecă făina, apoi se adaugă treptat lager și se fierbe până se îngroașă, amestecând des.
c) Adăugați brânzeturile, amestecând tot timpul și continuați să gătiți până când brânzeturile se topesc și amestecul este omogen.
d) Se toarnă într-o oală pentru fondue și se servește cu corniuni și bucăți de pâine ușoară de secară.

94.Plăcintă cu brânză suedeză

INGREDIENTE:
- 1 x Crustă de plăcintă de patiserie de bază; 9"
- 2 căni de brânză de vaci
- 3 ouă mari
- ¼ cană făină nealbită; Cernut
- ¼ cană de zahăr granulat
- 1 cană de cremă ușoară
- ½ cană migdale; Prăjite, Tocate fin

INSTRUCȚIUNI:
a) Preîncălziți cuptorul la 350 de grade F.
b) Presați brânza de vaci printr-o sită. Se pune într-un castron mare și se bate până se omogenizează.
c) Se adauga ouale, faina, zaharul, smantana si migdalele tocate marunt. Amestecați bine.
d) Turnați amestecul în crusta de plăcintă de patiserie de 9 inci pregătită.
e) Coaceți aproximativ 45 de minute sau până când un cuțit iese curat.
f) Scoateți plăcinta din cuptor și răciți înainte de servire.

95. Tarte norvegiene cu somon

INGREDIENTE:
- 10 linguri Unt
- 2 căni Făină
- Apă; rece
- 1 lingura Unt
- 1 mare Ceapă; tocat
- 1 cană Ciuperci; feliate
- ½ cană Smântână
- 1 lire sterline File de somon
- 2 Ouă; uşor bătută
- 2 lingurite Mărar; proaspăt, tocat
- Sare
- Piper
- 1 Albus de ou; uşor bătută
- 1 cană Smântână
- 2 lingurite Arpagic; tocat
- 1 lingurita Mărar; proaspăt, tocat
- 1 liniuță Praf de usturoi

INSTRUCȚIUNI:
Pentru a face patiserie:
a) Tăiați untul în făină cu un blender de patiserie și adăugați apă, câte puțin, până se formează un aluat tare.
b) Rulați și tăiați crustele de sus și de jos pentru 12 tarte.
Pentru a face umplutura :
c) Într-o tigaie se topește untul, se adaugă ceapa și se rumenește. Se adauga ciupercile si smantana; se fierbe timp de cinci minute și se răcește. Între timp, braconați sau fierbeți peștele până când se fulge ușor. Scurgeți peștele și fulgi într-un castron. Se amestecă ouăle întregi și mararul cu pește. Se condimenteaza cu sare si piper dupa gust.
d) Amestecați peștele și amestecurile de ciuperci și puneți cu lingura în crusta de jos. Acoperiți cu a doua crustă și prindeți marginile împreună pentru a sigila.
e) Ungeți albușul peste crustele și marginile de deasupra. Cruste înțepate pentru orificiile de evacuare a aburului.
f) Coaceți 10 minute la 450 de grade F. sau până când crusta este maro aurie.
PENTRU A FACE TOPPING:
g) Amestecați smântâna și condimentele.
h) Adăugați câte o lingură la fiecare tartă înainte de servire.

BĂUTURI

96. Dumnezeu Hammer

INGREDIENTE:
- 15 mililitri suc de lamaie
- 15 mililitri suc de portocale
- 30 de mililitri de lichior de punch suedez
- 60 mililitri de rom alb deschis

INSTRUCȚIUNI:
a) Se agită ingredientele cu gheață și se strecoară într-un pahar răcit.
b) Decorați folosind coaja de portocală.

97. Doctor

INGREDIENTE:

- 22 mililitri suc de lamaie
- 45 mililitri de rom invechit
- 45 de mililitri de lichior de punch suedez

INSTRUCȚIUNI:

a) Se agită ingredientele cu gheață și se strecoară într-un pahar răcit.
b) Decorați folosind coaja de lime.

98.Mix de cafea suedez

INGREDIENTE:
- ½ cană granule de cafea instant
- ¼ cană zahăr brun ambalat ferm
- ¼ linguriță scorțișoară măcinată
- ¼ linguriță cuișoare măcinate
- ¼ linguriță nucșoară măcinată
- ¼ linguriță coajă de portocală rasă

INSTRUCȚIUNI:
a) Combinați toate ingredientele, amestecând bine.
b) A se pastra la temperatura camerei intr-un recipient ermetic.
c) Combinați 1 lingură amestec de cafea și 1 cană de apă clocotită. Acoperiți cu frișcă dacă doriți.

99.Lancea suedeză

INGREDIENTE:
- 30 de mililitri suc de grepfrut roz
- 30 de mililitri de lichior de punch suedez
- 60 de mililitri de whisky bourbon
- British Bitter Ale

INSTRUCȚIUNI:
a) Se agită primele trei ingrediente cu gheață și se strecoară într-un pahar răcit. Top cu bere.
b) Se ornează folosind o felie de grapefruit.

100.Cafea daneză

INGREDIENTE:
- 8 cesti cafea fierbinte
- 1 cană rom negru
- 3/4 cană zahăr
- 2 batoane de scortisoara
- 12 cuişoare (întregi)

INSTRUCŢIUNI:

a) Într-o cratiţă grea foarte mare, combinaţi toate ingredientele, acoperiţi şi ţineţi la foc mic aproximativ 2 ore.

b) Serviţi în căni de cafea.

CONCLUZIE

Pe măsură ce ne încheiem explorarea „MÂNCAȚE SCANDINAVE DEZVOLITE", ne exprimăm sincera apreciere pentru că ni s-a alăturat în această călătorie culinară prin aromele bogate și autentice ale nordului. Sperăm că aceste 100 de rețete v-au permis să savurați esența bucătăriei scandinave, aducând un gust din magia culinară a regiunii în casa dumneavoastră.

Această carte de bucate este mai mult decât o colecție de rețete; este o invitație de a îmbrățișa frumusețea simplității, bucuria de a crea de la zero și satisfacția care vine din împărtășirea momentelor aromate în jurul mesei. În timp ce savurați ultimele bucăți din aceste creații scandinave autentice, vă încurajăm să continuați să explorați bogata tapiserie culinară pe care nordul o are de oferit.

Fie ca „MÂNCAȚE SCANDINAVE DEZVOLITE" să vă inspire viitoarele eforturi culinare și fie ca aromele autentice ale Scandinaviei să continue să vă înfrunteze bucătăria cu căldură, bucurie și spiritul ospitalității nordice. Skål!

www.ingramcontent.com/pod-product-compliance
Lightning Source LLC
Chambersburg PA
CBHW071331110526
44591CB00010B/1102